知っておきたい 本願寺の故実

鎌田宗雲著

永田文昌堂

まえがき

本願寺の故実を知る資料として、『本願寺作法之次第』、『考信録』、『祖門旧事記』、『大谷本願寺通紀』、『法流故実条々秘録』があり、大谷派に『叢林集』、『真宗故実伝来鈔』、『真宗帯佩記』があります。また、昭和時代以降には、『本願寺風物詩』、『真宗事物の解説』、『本願寺派勤式の源流』『勤式作法手引書』が出版されています。私はこれらの本から、興味深く本願寺の故実を学び、布教現場で活用させてもらってきました。そこで知り得た知識は先達が残した財産と思っています。これからの時代を担う布教使に役にたちそうなことを、改めて読み返してみました。そして、布教現場に役立ちそうなものを、自分なりに記してみたのが本書です。

なお、文中で敬語をつけるべき方々にたいして、宗門人として不敬と思いながらも、文中の流れから敬称を意図的につかっていません。意中をおくみとりくださりご寛恕くださいませ。また、引用の文章はカタカナ表記なのですが、できるだけ読みやすいようにと平仮名にかえています。

本書の上梓にさいして、本願寺式務部（香房）に伺い、一般では知り得ないことを親切に教えていただきました。また、永田文昌堂社主の永田悟氏にいろいろとご指導いただいたこと、ここに深く御礼申しあげます。

著　者

目次

知っておきたい本願寺の故実

本山本願寺

本山本願寺の正式な名称は山号が龍谷山《りゅうこくさん》、寺号が本願寺《ほんがんじ》です。これは二〇〇八年四月十五日発布の「浄土真宗の教章」に明示されています。（一九六七年四月十五日発布の「浄土真宗の教章」には山号は示されていません）『法《ほう》流故《りゅうこ》実条々秘《じつじょうじょうひ》録《ろく》』（二の四）に、本山本願寺の山号について、

当流本寺山号之事、古来種々沙汰有事也。玉城九重の内の寺々に山号は諸宗に無之事也、五山之中、万寿寺も九之内なるによて山号無之。然は今の六条御本寺には山号之儀不可有也、昔山科に御座候時は、松林山と申たると申伝候、又古系図之内題に龍谷山本願寺とあり、

と伝えています。これに続いて、

寛文九年酉四月朔日、御所より御用之由申来参候、御当家山号之事御尋被成候、大谷御本廟之時は龍谷山本願寺、山科御本寺之時は、松林山と古記録には御座候、乍去御代々御筆などに山号被遊事は無御座候。帝闕九重之内にては諸宗共に山号は無之事に候、加之、東大寺・興福寺等々七大寺十六寺にも山号は不承及候、上古より霊寺も山号無之御数多御座候存候と申候き、唯今御尋候は、東山大谷に山号御付然之申衆在之付御相談也、

と記しています。なお、本山本願寺の山号を龍谷と初めて二字で示したのは第十四代寂如《じゃくにょ》宗主です。『考信録』巻一に、「大谷山を龍谷山と唱ふるは、元禄十五年〔一七〇二〕壬午九月、信解院宗主の命たるところなり。考に瀧の字を二字とせるならん。（中略）大谷を瀧と云ふゆへに、

龍谷と分つまでなり」と龍谷山の由来を示しています。よって本山本願寺の山号を龍谷山と示したのは、寂如からだと知られます。それは『大谷本願寺通紀』巻九の、「龍谷山額　寂宗主親筆。元禄十五年九月二十六日。掛之仏殿」という記事からもわかります。寂如宗主は元禄七年(一六九四)に、お敬いしていた宗祖の遺骨を、現在の祖壇《そだん》(大谷本廟の仏殿の後ろにある御堂)におさめ、元禄十五年九月二十六日に大谷本廟の仏殿《ぶつでん》に龍谷山の山号額をかけ、享保元年九月二十五日に明著堂《めいちょ》の額をかけています。

さて、本山本願寺の原点は大谷廟堂《おおたにびょうどう》です。『存覚一期記《ぞんかくいちごき》』によると、大谷廟堂の留守職《るすしき》(※)をついだ覚如《かくにょ》宗主は、正和元年(一三一二)の宗祖の五十回忌に、御影と廟堂の修復をして大谷廟堂を寺院化しました。そして、その御堂に専修寺《せんじゅじ》の寺号額をかけました。ところが、「専修という言葉は往古から使用してはならないことになっている。しかるに大谷に専修寺という額を掲げるのはよろしくない。すみやかに撤去すべきである」という申し入れが比叡山からありました。当時の天台座主の般若公什僧正《こうじゅう》との話し合いで、寺号をとりはずさずにそのままにしておりました。が、比叡山の衆徒はこれに不満でした。再び座主の仲介で寺号を改めるということで、掲げていた寺号額を撤去することになりました。『存覚一期記』に撤去した寺号額は、高田門徒系の安積門徒《あさかもんと》の法智《ほうち》が関東にもちかえり、「わが寺」に掲げたと伝えています。真宗高田派本山の専修寺の名のりです。

『法流故実秘伝之条々』（二の二）には、「本願寺と云寺号は、聖人御遷化の後、如信上人御住持職の時、（八十九代）亀山院よりの勅号也、（一説に久遠実成阿弥陀本願寺の寺号をいただき、勅願所とされたと伝えられる）その後、覚如上人の御代、伏見院より重ねて宗門の弥弘通の叡慮を受給事あり、依之、亀山・伏見二代の勅願所と申也」と伝えているのですが、すぐに勅願所になったという記述には異和感が残ります。これは後代の人が本願寺を権威付けるためにいいだしたのでないのかなと推測せざるをえません。元亨《げんこう》元年（一三二一）に門弟が幕府に提出した愁申状《しゅうしんじょう》のはじめに「本願寺親鸞上人門弟等謹言上」とあるのが、本山本願寺の名前が世にでた最初だといわれます。専修寺の額をおろした正和元年から元亨元年までの九年のあいだに、本願寺と称していたのでしょう。その後の本山本願寺は、四代善如宗主（覚如の孫）、五代綽如宗主、六代巧如宗主へと継承されるのですが、ほとんど歴史上に登場してきません。十五世紀の後半に第八代蓮如宗主が登場してから様子が豹変します。長禄元年（一四五七）の継職後に、まったく新しい概念による新宗派を樹立した蓮如宗主です。この蓮如宗主の生きざまを歴史学者の金龍静は『別冊太陽親鸞』の中で、「如来に等しい師という既存の概存を否定し、相伝による法義相続を否定し、人びとに対して、師のもとへでなく、本尊阿弥陀如来のもとへ結集するよう訴えた。さらに次第相承の代々のなかから、親鸞ただ一人を選び出して宗祖とし、その宗祖の主張を教義の要とし、宗祖坐像の安置されている本願寺を本山としたのである」とみごとに指摘しています。この本山本願寺が数百年のあいだに諸問題を抱えながら発展してきました。今では誰もが知っている存在です。

この頃思うのですが、宗祖の生き様《ざま》を学んできたはずだが、「こんな生活している私を親鸞はお望みであっただろうか」と自責の念にとらわれます。お寺が存在しつづけるには寺族が教えを真剣に学び教えを伝えていかねばなりません。教義を学ぶことに無関心であったり、学歴とか門徒戸数だけを自慢しているような寺族・僧侶たちが寺に住んでいても、親鸞の心が門徒に伝わるはずがありません。そんなことを悩んでいた時に、アップルを創業したスティブ・ジョブスの次の言葉にであいました。

① To do what you believe is great work, and the only way to do great work is　To love what you do.（生きがいのある仕事だと信じることをやるだけです。そしてすばらしい仕事ができるための唯一の方法は自分の仕事を愛することです）

② Think Different（固定観念にしばられないで違う視点をもとう）

③ Stay hungry　Stay　foolish（何事にも満足をしないで、いつも求め続けていこう）

という、私にとっては目がさめるようなスピーチでした。まず、①のように自分自身に問いたい。私は僧侶としての職業を愛しているのか、誇りをもって生きているのだろうか。②のように教えの受け売りで、形どおりで教えを伝えていないだろうか。何百年の前と変わらない表現で伝えていて、現代人に宗祖の教えが伝わるだろうか。③のようにはいつも自己満足している僧侶でないか。また求道心がなくなって妥協ばかりしていないだろうか、と諭されているような気がしました。松下幸之助が「水の流れが澱《よど》めば腐《くさ》るだけ」と自誡していたと聞いたことがあります。私は僧侶の道もそうでなければならないと思っています。僧侶は「これでよし」の満足にとどまらず、いつも悩みながら教えを伝えつづけている求道者でなければならないはずです。いつも道を求め聞法し続けているサンガでなければ澱んで腐ってきて、できあがった答えだけのさとりをすませた僧侶になってしまうような気がします。それから脱出するのには固定概念の呪術からぬけでる思索と行動が大切と思っています。この三つの言葉を真剣にわが身にうけとめて、宗祖親鸞が伝えられた道を求める人には、現代の「寺ばなれ」の現状があっても、浄土真宗の教えが伝えられてくると信じています。

※補足

本山本願寺の原点は大谷廟堂ですが、親鸞の末娘の覚信尼公《かくしんにこう》がこの大谷廟堂敷地を門弟に寄進するときに、子孫が永代留守職に就任するという約束があったといわれています。代々大谷廟堂の留守職を宗祖親鸞の血脈者が継承してきました。これは宗祖親鸞の遺骨をあずかり守る権利を唯一宗祖の血縁者がうけついだということです。その寄進状（『新編　真宗大系』十六巻史伝部上に所収）は「あま覚信・一名丸《いちみょうまる》（唯善《ゆいぜん》の幼名）・専証《せんしょう》（覚恵《かくえ》の幼名）」の連署で、「しんらん上人のゐ中の御でしたちの御なかへ」と、関東の門弟に三回にわたって出しています。第一回は建治三年九月二十二日に下総国佐島の常念坊に出したのですが、今日伝わっていません。第二回は建治三年十一月七日に常陸国布川の教念坊と下野国高田の顕智に預け、正文が専修寺に残っているそうです。第三回は弘安三年十月二十五日に下総国飯沼善性の子息に預けられました。寄進状の趣旨は、「墓を末代まで大事にするために、個人の所有ではなく、門弟と共有したい。そして、門弟の心にかなったものであるべき人」が管理すると書いています。実質的には覚信尼公が守護管理をしてきたのですが、弘安六年（一二八三）十一月に、咽喉の病で余命いくばくもないことを自覚した覚信尼公は、御正忌に上洛してきた関東の門弟たちにたいして、「墓所の管理を専証房（覚恵）に申しつけたいので、自分同様によろしくたのみます」という最後状を書いています。大谷廟堂は覚恵から覚如宗主が留守職を継いだのですが、覚如宗主は大谷廟堂を寺院化すると、留守職の名称を別当職《べっとうしょく》にかえました。別当職は寺の長をさす言葉で、『延喜式』の法制書にでている名称です。これで従来の留守職という性格が根本からかわってしまったといえます。覚如宗主が本願寺に木像本尊を安置しようとした時に、関東の遺弟たちがこぞって反対した理由のひとつにこの別当職の名称にあったといわれます。やがて木像本尊の安置の可否について意見がわかれ、多くの門弟が他派に帰属したといいます。覚如宗主以降の宗主は別当職の名称をうけついでいますが、後代に蓮如宗主が御影堂と留守職の名称を復活させました。

阿弥陀如来像の安置と両御堂

建武三年（一三三六）に、唯善事件後に復興した大谷廟堂が焼失しました。そこで覚如宗主は古堂を購入したのですが、この時から大谷廟堂は『御伝鈔』が伝える創建時の六角形の御堂でなく、一般寺院の形式をとっている御堂になっています。本願寺と名づけて、教化活動をしていた覚如宗主でした。「本願寺は親鸞の遺骨を安置する本廟であって寺ではない」というのが多くの門弟の認識でした。そうだから大谷廟堂には本尊は必要がないという意見が門弟に堅持されていました。当初の本山本願寺は木像本尊でなく、十字名号の本尊でした。本願寺に阿弥陀如来像を安置しようと最初に提案したのは覚如宗主です。また、嗣子の善如《ぜんにょ》宗主、善如宗主を補佐していた父の従覚《じゅうかく》（覚如宗主と長男の存覚には考えが異ったために、存覚は二度も義絶されています。そこで覚如宗主は、弟の従覚にあとを継がせようとしたのですが、従覚はこれを固辞しました。それでも、従覚は本願寺歴代の住職として数えられていましたが、第九代実如宗主のころに歴代住職からはずされています）も、十字名号尊から木像の本尊へ変えたいと提案していたようですが、同じ理由から本願寺を支えていた高田門弟からの賛同を得ることができませんでした。本願寺に伝わっている十字名号の裏書《うらがき》に、蓮如宗主が「右この本の本尊は覚如上人の時代より本願寺の常住なり、本尊として今修復し奉る処なり」と書いてあるそうです。この十字名号は縦一三八㎝、横三十六・六㎝の紙本墨書です。中央に籠文字《かごもじ》で帰命尽十方無碍光如来の十字名号と蓮台が書かれています。十字名号の上部には

『大経』の文、下部には『浄土論』の文、愚禿親鸞敬信尊号は覚如宗主の筆です。この十字名号は蓮如宗主のいうように、覚如宗主の時代から本山本願寺の本尊だったのでしょう。

本山本願寺に阿弥陀如来の木像が安置されたのは、もう少し時間が流れてからです。高田派第七代順証《じゅんしょう》宗主の時代の「専修寺文書」に、

定専坊主の時、大谷の坊主、御影をかたわらにうつし申し候て、本堂には阿弥陀を立て申し候べきと候しを、定専、再三御申し候によって、うちおかれ候に、いま又かようの御計い候間、先師の御申のごとく歎き申し候へども、御用いなく候、いかように候べきやらん、談合申したく存じ候、専空坊主も大谷のかかる大事をば、御申しあわせ候けるとぞ承り候あいだ、その御意趣をそむき候わじと申さしめ候、諸事後信を期し候、恐々謹言

さしたることなく候といえども、御先師のごとく、常々申し承るべく候に、その儀なく候の条、本意を失い候

十一月廿日　　　　　順証（花押）

惣門徒之御中へ進上候

と記しています。この手紙によると、高田派の定専宗主の時に大谷廟堂に安置している宗祖の影像を傍らに移し、阿弥陀如来像を安置しようと企図し、定専宗主の後をついだ順証宗主の時代にそれを決行したというのです。定専宗主の時代は、本願寺では覚如宗主の晩年から次代の善如宗主の時代にあたります。順証宗主は元中七年（一三九〇）に六十歳で死去しているので、本願寺は善如宗主の晩年から次代の綽如宗主の初期にあたります。となると、本願寺において阿弥陀如来像が安置されたのは、善如宗主から応安八年（一三七五）に寺務を引き継いだ綽如宗主の時代で

あるとみていいと思います。綽如宗主は祖父の代からくすぶっていた阿弥陀如来像が安置できたのです。かつては本山本願寺に木像本尊の安置の反対があったのですが、綽如宗主の時代は、浄土真宗の各派本山が次々と誕生した時代でした。それ故に本願寺への関心が薄らいでいたので、本山本願寺に阿弥陀如来像が安置できたのだろうともいわれています。綽如宗主は本山本願寺の基礎固めをした方ですが、本山本願寺に両御堂が建っていたわけでありません。まだ阿弥陀堂が建立されていない時代でした。それでは御真影様《ごしんねいさま》を中心とした御影堂、阿弥陀如来像を中心とする阿弥陀堂が誕生したのはいつのころなのでしょうか。それについて『実悟記』は、次のように室町時代の初めに両御堂があったことを伝えています。

古《いにしし》へ本願寺の御坊は東山なり、青蓮院の門跡の御近所なり、いまに草房あり。（略）蓮如上人若くしましましき比《ころ》までは、かの御坊に御座ありき事なり、（略）阿弥陀堂は山科の野村にてのも同大きさ、三間四面なり。内は九間なり、向は東の方一間、六尺の縁に三尺の小縁あり、その外の三方は三尺の小縁までなり、内陣の畳まはり敷にて侍りしなり、御影堂も内陣の大きさは同九間にて、畳まはり敷き。野村にてのも同きなり、脇の押板も二間なり、霜月報恩講に御絵伝かけらる。押板野村にてのも同きなり、下檀はただ東へ二間なり。已上五間四面の御堂なり、その外は三尺の小縁四方にありけるとなり、御亭もちいさく其分量指図おぼへず、御亭と御堂との間に廊下ある中程に亭《ちん》あり、是を竹の亭と云、黒木造の麁相の亭なり、（略）御坊中の後の方に女中方の御入候つれども、いづ方に女房の御入候ともみえず。人あるともなく、さびさびと御入候つる、などとその折節の事慶聞坊龍玄は物語候し事なり、と、御影堂と阿弥陀堂の両御堂が存在していたことを記しています。御影堂に御真影様を安置して、ほかの場所に阿弥陀如来像を安置した三間四面の阿弥陀堂が建立されていたのです。それは存如宗主在職の永享十年（一四三八）の頃であろうといわれています。それから本山本願寺の寺基がやむを得ない事情でどこに移転しても、御影堂と阿弥陀堂の両御堂がならんで立っていました。

なお、両御堂の大きさは御影堂のほうが大きいのですが、これには理由があるのでしょうか。これについて『考信録』巻一に、

祖師の本廟なるを以てのなり。廟を墓所のこととのみ認めたるは誤れり専修寺・仏光寺・その外知恩院・知恩寺・新黒谷・又は粟生光明寺等の諸山みな然なり。しかれども本堂は阿弥陀堂なり。実悟記の中に

本堂と称せり。その制はやや祖堂より減すといへども、尊前に布置せる諸荘厳具は。祖堂よりも備密なり。課誦等の儀、みな本堂を先とす。差降しりぬべし。祖堂を御影堂と称するは、長安の善導の影堂之称。本拠とすにたれり。

と答えています。また、『叢林集』は、

御本寺の祖師堂は大にして阿弥陀堂は是を本堂と云う。小さき事、愚俗是を怪む。それは本堂は御本廟なれば大衆会の場也。大なるべし。厳たるべし。堂の大小にて尊卑を云べからず。知恩院等余流の本寺其例一同也。若し末寺なるは別の式也。

と、両御堂の大小についての疑問に答えています。御影堂は宗祖の遺骨を安置している本廟であり、阿弥陀堂は本願寺本堂という位置づけからこうなっているのです。こういったところに、本願寺の歴史を感じ、先

達たちが尊崇してきた親鸞聖人への思慕が伝わってくるようです。『法流故実条々秘録』（二の六十二）に、

天満より当地六条へ御移住依来（天正十九年卯八月五日）、御堂・御対面所等次第に華麗被成申候、（元和三年丁巳十二月廿日の炎上までは）阿弥陀堂は南にありて、屋祢《やね》はこけら葺《ふき》也、御影堂は北にあり瓦葺也、御影堂の北に茶所あり、面《おもての》之御門之うちに二重屏《へい》築地のやうにうら面へい也有て、両御堂の御門、別々にあり、（南）阿弥陀堂の御門は、闔《とびら》の上の彫物孔雀の色なり今台所門之東之方にある門此也御影堂の御門之闔之上の彫物は竹に虎也、彩色無之、ケヤキ木地也鐘楼は南に有り、御対面所は今之所也、慶長十三己酉年准如上人三十二歳御対面所に建なをり結構に成候、其時迄は上壇も無之、御門跡様御着座之所に、常の畳の厚さの畳《じょう》一畳被敷候計也、床其之張付、薄彩色の絵也、

金なる所は、少も無之其時新しく立申候御対面所は、当時同前也、但三間二間《ふたま》也、今は三間《みま》也東之御庭作庭（今同前）右之両御堂御対面所等、

と伝えています。准如宗主が火災後に再建した阿弥陀堂を、第十七代法如宗主が寛延二年（一七四九）から十二年の歳月を費やして、宝暦十年（一七六〇）に建てたのが現在の阿弥陀堂です。阿弥陀堂建築の匠職は『考信録』によると、若狭宗貞と伊豆宗為です。その規模は東西二十一間二尺四寸八歩、内法十四間半一尺四歩（およそ四十二m）、南北二十二間六尺四歩、十五間二尺七寸八歩（およそ四十五m）、棟の高さが二十五mの巨大な建物です。単層入母屋造りで本瓦葺きで正面に向拝《ごはい》があります。柱の数は五十八本（そのうち金丸柱が二十二本）、角柱は七十四本で柱は総計一三二本です。堂内の外陣の畳は二八五枚あります。内陣は金箔を押し彩色をほどこしています。画工は徳力善水《とくりきぜんすい》です。

御影堂は祖師堂とか大師堂ともよばれています。准如宗主の時代に阿弥陀堂と御影堂が焼失しました。准如宗主のあとを継いだ良如宗主が、火災から十六年経った寛永十年（一六三三）六月に起工し、寛永十三年（一六三六）八月に完成したのが、現在の御影堂です。御影堂は東西二十四間半四寸五歩、内法二十二間半（およそ四十八m）、南北三十一間半四寸五歩、内法二十二間半（およそ六十二m）、棟の高さが二十九mあり、阿弥陀堂より大きく建てています。柱の総数は二二七本（丸柱四十一本、角柱一二六本、金丸柱六十本）で、外陣の畳は七三四枚あります。内陣は外陣と金障子で一直線に区画されています。金障子の左右両側は金地の襖が十二枚あります。この襖絵は徳力善秀《とくりきぜんしゅう》と子供の善雪《ぜんせつ》、弟子の善左衛《ぜんざえ》門《もん》によって描かれています。左六枚に雪中の梅竹が描かれ、右六枚は雪中の老松が金地に濃彩色で描かれています。

なお、『法流故実条々秘録』（二の三十七）に、

阿弥陀堂・御影堂外陣の末、縁のきわ、北と南に常に不レ開戸は閉《へい》軸《じく》と申候、御代々御住持御葬礼之時計、此戸被開候也寛永十三年十一月十五日慈性院殿御葬礼之時も被開候慈性院殿（法名如尊）と申は准如上人御室、興正寺殿顕尊御娘也、

と御堂の北と南の戸が、代々の宗主と関係のある人の葬儀以外は閉まっていることを伝えています。

親鸞を看取った人々と葬儀

ご高齢の宗祖の容態に回復のきざしがありませんでした。そこで、実弟の尋有《じんぬ》は遠江国池田《とおおみくにいけだ》の専信に手紙で容態を知らせました。手紙をうけとった専信はおどろき、下野高田《しもつけたかだ》の顕智に相談しました。そして二人はそろって、京都の宗祖親鸞を見舞いにきました。この見舞いが宗祖の臨終を看取るご縁となったのです。宗祖がどんな方々に看取られたのかが気になり調べてみました。看取った人を直接示す資料はないのですが、いくつかの資料をつきあわせると、次の人たちに看取られたことがわかりました。

(1) 実弟の尋有《じんぬ》(宗祖は尋有が住職している善法院で往生)
(2) 娘の覚信尼《かくしんに》(夫との死別後に宗祖の身の世話をしていました)
(3) 息子の益方善性《ますかたぜんしょう》(母恵信尼公の代理で宗祖のもとにかけつけています)
(4) 門弟の顕智《けんち》 (5) 門弟の専信《せんしん》 (6) 門弟の蓮位《れんい》(常随の弟子)

と在京門弟の数名で、合計七〜八人に看取られたことがわかりました。『親鸞門侶交名牒《しんらんもんりょきょうみょうちょう》』に記されている洛中居住弟子は信綱、広綱、善覚、浄信ですが、看取った人の名前までは特定できません。毎年の報恩講に奉懸している「御絵伝」の病臥、ご往生、葬送、荼毘の場面に、たくさんの人々が描写されていますが、当時の状況を考えると、こんなたくさんの人が集まったとは考えられません。初稿の『御伝鈔』から描いた専修寺の『善信聖人親鸞伝絵』や本願寺の『善信聖人絵』のような少人数が当時の状況に近いような気がします。

宗祖親鸞の臨終の心境を想像させる記事があります。『口伝鈔』の「信のうへの称名の事」のところです。

高田の覚信房といふひとありき。重病をうけて御坊中にして獲麟《かくりん》にのぞむとき、聖人 親鸞 入御《にゅうぎょ》ありて危急の体《てい》を御覧ぜるるところに、呼吸の息あらくしてすでに絶えなんとするに、称名おこたらず、ひまなし。そのとき聖人たづねおほせられてのたまはく、「そのくるしげさに念仏強盛《ごうじょう》の条、まづ神妙《しんびょう》たり。ただし所存不審、いかん」と。覚信房答へもうされていはく、「よろこびすでに近づけり、存ぜんこと一瞬に迫る。刹那のあひだたりといふとも、息のかよはんほどは往生の大益《だいやく》を得たる仏恩を報謝せずばあるべからずと存ずるについて、かくのごとく報謝のために称名つかまつるものなり」と云々。このとき上人（親鸞）「年来常随給仕のあひだの提撕《ていぜい》、そのしるしありけり」と、御感のあまり随喜の御落涙千行万行《ごらくるいせんこうまんこう》なり。

というところです。お手紙（「親鸞聖人御消息」十三通）にも同じことが書かれています。今にも命がたえようとしている覚信房にその心情をたずねている情景です。覚信房の心情にふれて感激の涙がとまらなかった宗祖でした。よほどお心が動かされたのでしょう。これは宗祖ご自身の心情でもあったのです。『御伝鈔』下巻第六段のはじめに、

口に世事《せじ》をまじへず、ただ仏恩《ぶっとん》のふかきことをのぶ。声に余言をあらはさず、もっぱら称名たゆることなし。しかうしておなじき第八日　午時　図北面西右脇に臥したまひて、つひに念仏の息たえをはりぬ。

と宗祖の臨終間近の様子が伝えられていますが、覚信房の最後とまったく同じです。

さて、宗祖の葬儀は『御伝鈔』下巻第六段に、「洛陽東山の西の麓鳥部野の南の辺《ほとり》、延仁寺に葬したてまつる。遺骨を拾ひて、おなじき山の麓、鳥部野のの辺、大谷にこれををさめをはりぬ」と伝えています。延仁寺は中世日本の代表的な葬送地でした。延仁寺は江戸時代に現在地に移転して大谷派寺院として活動しています。延仁寺のどこで火葬したかは不明なのですが、今は東西本願寺がそれぞれに荼毘所跡を指定して保存しています。

御真影様

御影堂の中央に安置されている宗祖の祖像を御真影様《ごしんねいさま》とおよびしています。『法流故実条々秘録』（一の九）に、

武州江戸報恩寺木像之御真影には御頸巻《くびまき》無之、七旬五の御形也、宝治年中に彼元祖横曽根性信房廿四輩ニ一番目也申うけられし御影像也、左御手には御念珠、右御手には払子のごとくなる物をもたせらるる云々、当時　拝候人々払子を御持候と披申候古御記　には払子の如くなる物とあり此外、聖人の御真影木像絵像に御頸巻無之は不聞伝候由、古人被申候、

と性信房《しょうしんぼう》開基の坂東報恩寺の御真影様についてふれています。続いて『同書』（一の十）に本山本願寺の御真影様について、

御本寺木像之御真影は九拾歳の御姿也、此御真影に付、古来両様の義中申伝候、一説には聖人九十歳の御時、開眼なされ残置る也云々、一説には文永九年（御遷化十一年以後也）冬のころ、吉水の北の辺りに仏閣をたて影像を安置すと御伝記にあるによって、御滅後の真影也云々、両儀共に有㆓其拠㆒也、但、弥女様へ御譲状に、せうあみた仏、東の女に譲渡するもの也とあるを御真影之事と伝授あるに付て、前住上人准如様用㆓初説㆒給也、

と記しています。続いて『同書』（一の十二）に貼紙がついています。そこに「右、甚深秘伝也、卒爾不可口伝成也」とあり、次の文が記されています。

右御本寺御真影之御くしに付て秘伝あり、（頭註）「又一説には善如上人御代とも云ことあり」「修正　鎌倉の唯善と申は小野宮禅念房の息、母儀は弥《いや》女　法名覚信也　越後国頸城《くびき》郡高田常敬寺元祖也。唯善の子をば善秀諱宴輝その次三代目を善了諱宴龍、次の四代目をば善栄諱宴俊と号す、（下註）「六代の善鸞宴光禄三年巳卯」此人御真影の御輪の所役也、此人内心々心底に思はれ」けるは、我元祖唯善は覚信弥女御事嫡子なれば、本願寺住持すべき家也、於本国、本寺を取立んと思企て、（康応元年巳己夏、此年二月廿九日善如上人御往生、綽如上人四十歳の時也）御真影の御くしを引切偸取て下国せらる、やがて追手をかけられければ、江州湖水にしづめかくしおかれけるによて、荷物の中にみえず、（全く）非二我所為一と陳し申されければ、力及せ給ずして、其時、定禅法橋うつしおかれたる絵像、七十歳の時の御容顔を（うつし）作りそへられたる御面像、すなわち今の御真影也、其後六代目の善鸞諱宴光長禄三年己卯、（修正）「蓮如上人御代四十五歳存如上人山科山城国宇治郡山科」（中戸山は根本下総国）彼中山西光寺「（修正）御くしを曳切盗取しより七十一年〆也」昔の御くしを御本寺へ持参仕り、唯今の忠勤を以て、先祖の逆心を助け、再び本寺へ帰依の恩許を蒙らん事を歎被中候付而、

（貼紙）「右御くしの事に付て、或古人云、存覚上人未来の儀を記しおかれあるに被任如此也と云々、此儀謬解也、みくしを被引切たる康安元年は、存覚遷化より十六年後也、」

（貼紙）「常敬寺根本は下総国野方《のかた》郡深栖《ふかす》郷関宿《せきやど》中戸山《なかとさん》西光寺と号す、十二代〆の了照代に越後国高田へ移住也、代々の法号諱等の事、一家衆系図の帳に委書之、」（頭註）「兎角此の儀は他言なきことなり」「存覚往生より十六年後の事也」

其意とて、其時、西光寺を改て常敬寺と号し、今に末弟之一寺也、御みくしの事、彼未来記に任せ御すべかへあるべき歟と評定まち〳〵なりといへども、綽如上人以来相承之知識、（五・六）七代百六十余年、諸国挙て正身之御尊容と拝み来り候を、今（又）改らる儀、いかゞあるべきとて、右の御くしにておかれ候也、彼昔の御くしは、御本寺御蔵に今におさめおかれ候也、

御くしの箱はわけ物也、此みくしは今の御真影とは大きにかわり、御くちなとしはより、御面もおもなかにしは計なるよし承伝候。

と、にわかに信じがたい出来事を記しています。さらに続いて、「この儀秘事なり、努力〳〵不可他言儀也」とあり、又そこに貼紙（一の十二）がついて、

東信浄院殿御真影は、下総国上桑嶋（反古裏には猿嶋とあり）成然房

妙安寺安置之御影也、八旬余の御姿云々、年歴不知之教如上人御別家慶長七年歟　教如上人四十五歳之折節、妙安寺より乞迎られ、御尊体所々破壊なされ候を、御つくろひありと也、御頚巻等在之、当時、木像之御影は、右三体之外、天下に無之、

と東本願寺の御真影様の縁起に及んでいます。これから推測すると、どうやら准如宗主の時代に坂東報恩寺と東・西本願寺の御真影様の三体が公認されていたようです。坂東報恩寺の御真影様は七十五歳のお姿、本山本願寺の御真影様は九十歳のお姿、教如宗主が東本願寺独立の時に妙安寺から迎えた御真影様は八十歳を過ぎたころのお姿だと伝えられています。

御真影様を安置している御影堂は大切なところですので、昔は不測の事態にそなえていたのでしょうか、御影堂を護衛する人がいたようです。

『法流故実条々秘録』(一の五十九)に、

御影堂御門之番、蓮如上人山科に御座候時より、河内国六ヶ所より相勤来候、顕如上人之御代迄は六ケより在所の年寄一人と、平之衆四・五人づゝ一ケ月替に相詰候、(其後)月々の上下各大儀存候付、橋波与左衛門申仁に、惣より毎年米五石づつ遣はし顕如上人御代御番勤させ候、則彼六ケ、毎月の九日也御講に御堂衆一老被遣候、然処、顕如上人御往生之砌《みぎり》、二・三年御堂衆不罷下御講退転に成候折節、教如上人御別家なされ候て、彼方より一老也泉龍寺毎月御下候て、五・六ヶ年東方に成候、然るを先師祐従、慶長十五・六年比《ころ》、森口屋又兵衛六ヶの棟梁也相語らい、各帰参申に付、則祐従一代之間、毎月九日御講に被相越候也、然上は御門之番、如旧例再興可然とて、毎年米二石宛の扶持彼所より相渡御門番被置候也、と、今では知り得ない御影堂の護衛について伝えています。

御影堂中央に安置されている御真影様は、寛元元年（一二四三）十二月二十一日に、七十一歳の宗祖がお彫りになったものだと伝えられていま す。（先の『法流故実秘録』一の十一の記事とは異っています）身の丈は二尺五寸というから七十cmほどのものです。覚信尼公が父の親鸞から受け取ったと伝えられており、本山本願寺が代々に大切にしてきた御真影様です。この御真影様は宗祖を荼毘した灰を漆にまぜてぬりこんでいる像と伝えられているので、骨肉の御影ともいわれています。蓮如宗主は根本の御影とか性本《しょうほん》の御影とよばれています。この御真影様が親鸞自刻の像とはにわかに信じがたいのですが、そのような伝承があることは、おそらくは自刻の御真影様が存在していたのではないかとも推測されます。御真影様の由来は諸説紛々とありますが、長く支持されてきた『考信録』

巻五の記事を紹介しておきます。少し長文ですが、ご参照にしてください。

本山祖像の伝。正しき縁起なき故に異説紛々たり。今詳究に能はずといへども。試に考ふるに、寛元元年十発酉二月。宗祖七十一歳の彫造にして。覚信尼公へ付属したまへるの像なり。その添え状に云く
「此書載在二本願寺由緒記一、未レ詳二本拠一、由緒記云。或記云。西六条の御真影は。聖人七十歳にて御刻あり。首尾の後。覚信尼公へつかはされたる像なりと。この説は。譲状と年時相違せり

ゆづりわたすこと

身のかわりを譲渡すものなり。さまたけをなすべき人なし。努々わつらひあるべからず。後のためにこのふみをつかはすなり。穴賢々々

寛元元年十二月二十一日　　親鸞御判

彌　女江

明和七年庚寅十月江戸に於て。寺社司より本山祖像の作者を問はれし時も。寛元元年十二月二十一日。宗祖の自作なりと。築地の録所より答へたり。然るに像成て後三十年を経て。文永九年冬の頃。大谷に於て堂殿を営構し。霊墳をを移すときに。灰骨を抹して。真像を修飾して安置す。故に骨肉の御影と称す。本伝に。仏閣を建てて影像を安ずといへるは是なり。此時に亀山院より。本願寺と勅号を賜ひ。勅願所となしたまふ。山科連署記に。文永九年。勅命に由て祖像を造るとあるは。恐らくはこの事をいふならんその後譲奪の難ありといへども。ほどなく還復したまふ。故に蓮如上人。山科建立の消息真蹟在二西宗寺には根本の御真影と称し堅田の御消息真蹟在二本福寺には。生身の御真影と著したまへり。真作なるうへに。骨粉の塗飾あり。生身根本の称宜なる哉。然るにこの真作について三個の難あり。一には存覚一期記三巻。綱厳記。内題云。常楽台主者衲一期記。上十五に云く。延慶二。唯公没落。之二関東一没落の時。奉レ取二御影御骨。奉レ安二置鎌倉常葉一安置。田舎人群二衆彼所一云々。文延慶二年已酉。開蒙抄下三作二正慶二年発酉一者非矣 これに由れば。唯善の劫奪し去れるなり。二には又記中十右に云く。建武三夏頃。大上御下二向溝杭《みぞくい》辺一行二幸坂本一時。大谷殿上下。相具二数十人一。御帰二洛瓜生津御越年云々。此御留主、大谷御堂御留主御影堂。並御影 回禄了 文 これによれば焼失しおはれり。三には善如上人の時。下総の善栄という僧。潜かに盗み去りしが。江州馬淵にて。像首のみをとり去り。像身は捨て置けり。因て像身は大谷へ帰りたまふと。出二由緒記上一之によれば。像首は善栄の竊《ひそか》に盗み去れるなり。東門の説に云く。唯善所奪の像。これ二説あり。或るは御自作、或は如信師の作といふ。永く返らざりしに。寛永十二年頃、台廟の命によりて。相州倉田水勝寺より東門へ還付す。今の常楽の御影これなり。延慶二年依来は。覚如師新たに祖像を作り。祖堂に安じたまひしに。二十八年を歴て。建武三年祖堂焼失の時に。同じく灰烬せり。此説無據 其後覚如師また祖像を刻して。祖堂に安じたまひしに由緒記四十左引㆓慕帰絵詞㆒。難㆑為㆓的據㆒、善栄のこの像の首を盗み去りし故に。此亦無據 善如師亦新たに像首を作て補ひたまふに。不都合なる故に。灰骨を以て塗飾すと云々。此亦無㆑據且与㆓連署記㆒違しかれば本山の祖像は。偽中の偽なるに似たり。今案ずるに。一期記の説に原て近来種々の説あり。一期記もと信用しがたきこと多し。近くは渋谷家の事迹の如し。故に跋にも不審の事等雖㆑有㆑之。

既に正本紛失の上は。重 此説無據不レ及 校合といへり。已に真宗法要の選に漏れぬれば。取捨あるべきこと勿論なり。一期記取捨ある故に後来鑑古録の作あり。何ぞ彼の説を執して。連師の生身根本の言を疑はんや。もし会《え》していはゞ。唯善劫奪の像は別の像にして。祖堂安置の真像にはあらざるべし。覚善二師の新刻ありしこと。一期記等にも見及ばず。後人の推度なり。祖堂焼失の時。祖像も共に燼すとは最も信ずべからず。覚師の高徳なる。あに他国に淹留して。勿体なくも祖像を安置し消失せしめたまはん。蓋し並御影の三字の細註。恐らくは後人の加増なるか。或は他の御影なるべし。又善栄の像首を盗むの伝説も不審なり。善栄は唯善六世の法孫たり。乃祖すでに祖像を盗み来れり。何の不足ありてか善栄また新刻の像首を剽《びょう》取《しゅ》せるや。恐らくは一事異伝ならんか。照蒙記下四十二に。唯善房御影の御首を盗み取るといふは。別に所據あるか。或るは一期記の。御影御骨の骨の字。一本に首の字に作るか。或は御首のことを御影と称するにや。由緒記四十一に。有記の唯善・善栄両度各別の儀を。同時のことに書ける誤りを論ぜり。更に考ふべし。御首返上のこと。照蒙記には。数代すぎて御首を返進せらるゝと。古老の語らけりといへり。開蒙鈔下三には。御影返座のことは。一期記の後なり。乃至引二御真影本伝一云。数十年後。善之遺徒悔先非一。而して献根本首一ず。如感喜す。而るに蔵新首倉庫一。安還献之首。この如とは覚如師を指すと見ゆ。此等の説。更に互いに相違して信ずるに足らず。二十四輩記二十左に越後常敬寺の縁起に。善栄竊二像首一のことを敍し。且云く。第六世善鸞の時、先非を悔ひて。御首を以て本山に捧ぐ。蓮如上人被レ仰云く。自今已後本山に随従して。常に敬ふべし。依レ

之常敬の二字を以て寺の号とす云々。この説定て常敬寺の所伝なるべし
以上慕帰絵詞・一期記・照蒙記・開蒙鈔・策励問答・二十四輩記・遺跡録等の数部を対検して。私の考を記す。
と伝えています。また、『真宗故実伝来鈔』の「祖師聖人御木像事」に、
根本の御影者　亦号常磐御御影　聖人七十一歳、寛元元年冬、此御身の代として、自ら御木像を彫刻したまひて、覚信尼公へ御ゆづり在す。御譲状云身のかはりをとらせと書せたまふは、この御木像の事なるべし。
又た、髙田顕智法師、兼て聖人の御本廟を造立の宿願有て、関東乃弟子を催し、東山大谷におひて敷地を求めまし、又た、覚信尼公へ預け置る　表口五文、裏行十文　依之、文永九年春のころ、覚信尼公、聖人の本廟を定め、仏閣を造立し、真影を安置ありたきよし、関東

の御門弟中へ仰せ遣はさる。その時、御門弟中各上洛ありて、堂宇を建立し、聖人の御影を安し、又た、御骨を掘移して、新廟堂をきづき、未だ寺号もなければ、万里小路の御庵室の名を用て、角坊と号せしとなり。

と、墓所の仏閣造立と御真影様の安置について記し、その廟堂の名前を万里小路の庵室の名前を用いて角坊と号したことを伝えています。

ついでながら、『法流故実条々秘録』（一の五十四）には御真影様に関するおもしろい記事があるので紹介しておきます。

蓮如上人御代には、御開山御真影安置仕候坊主には、寺号歟坊号御付候と也。当寺内徳倉《とくら》但馬所に蓮如上人御筆之御書あり。（寛永十七年度写之）其御書云　順誓改名事

開山を安持申す身なれば

その名をかへて法敬坊といふべし

明応七年拾月廿八日　八十四歳　釈蓮如　御判

と御真影様に仕える法敬坊順誓が、蓮如宗主から寺号と坊号を授与されたことが書かれています。これで順誓は法敬坊と二つの法名を蓮如宗主からいただいていることがわかります。続いて貼紙がついています。そこに、

慶聞坊龍玄　江州金森従善甥也幼少の時より召使はる長禄元年丁丑六月十八日御遷化の人也、法専坊空善（播州六坊之内）法敬坊順誓　九十歳余迄命云々右三人、蓮如上人山科にて小野庄御本寺之時　御往生之時迄常随給仕の人也。三人共に御物語を面々被記置候。今世間に蓮如上人御持言と号の所々に有之、取分法専坊空善の日記数十巻ありたると見へ候。

と、蓮如宗主に常随していた法敬坊順誓、慶聞坊龍玄、法専坊空善につ

いて興味深い記事を記しています。また、『同書』(二の五十八)に、

御真影御鑰《かぎ》之御番は、巡讃之衆之所役也。准如上人御代には三人

中将殿、法名准賢、常楽寺准恵父也、なじを広教寺賢超、慈教寺顕智、又常楽寺

准恵に　一ヶ月替也、准賢逝去之後、(元和九年九月四日四十七歳)出口

光善寺准勝、被仰付候、其後、寛永四・五年之此より御児様達月替

に被遊候き、良如上人御代に成、教行寺・光善寺准玄・慈教寺准智

此等之衆両人程づつ被仰付候。御鑰之役被仰付衆には当地在京之中

二人づつ之御扶持《ふち》也。

と、御真影様の江戸時代初期のときの鑰番《かぎばん》について、誰が鑰番の指名に

あづかっていたかを伝えています。

ところで、御真影様の首にまいている白い布ですが、「これは何を意

味しているのだろうか」と、気になる人がいたみたいです。このことに

ついて『法流故実条々秘録』（一の八）に、

聖人の御真影に御頸《くび》にまかれ候物は、帽子と申物也又頸巻とも申也、天台宗・律家などに花田帽子《はなだぼうし》と云物の類也、裏頭《かとう》とは別也。但その類也、志の人の進上ありしを、感じ思召し、常に御着服云々、反古裏にも古来度々尋本説是也云々、寛永六年五月、前住様准如上人於北の御所、御機嫌よく昔の事共御物語の次に、伺ひたてまつり候へば、御頸巻《くびまき》と申たるが能候也、或（関東御在国之中に）尼公進上申されし懇志を感じたまひ、常に御着用なされたると御意被成候き、進上の人（の名）。年歴等、古来知人無之云々、此御頸巻に付、種々の説申衆有之とみへ候。

と記しています。これについて権威付けたような説があるのですが、准如宗主はシンプルに「首巻きというのがいい」と申されています。

宗祖親鸞の御影

『法流故実条々秘録』（二の四十一）に、

実如上人以来の御代々御真影の御衣裳は、裘袋《きゅうたい》と申物也、素絹に僧綱のある物也、家々の紋を織付事本式也、一日晴之衣裳也、一日晴とい云は、（天子）行幸などの時に、公卿・殿上人は装束之下着に色々唐織など被着候、左様之時、御門跡方、裘袋を召申候、寛永七年正月十三日、准如様御母公如春様　号教光院殿　三十三回忌之中日の御日中に、朽葉色の裘袋御着用被成候き、二代之間に只一度替候き、

と、歴代宗主の衣裳のことを記事しています。また、『真宗故実伝来鈔』

の「御代々御影之事」のところに、

職掌御影は、御装束は裘帯に五条、右に檜扇、左は御数珠 代々一へにして持たまふを持せらる、如信上人は黒衣なり、白き御衿巻あり、覚如上人より蓮如上人まで黒き裘帯に白袈裟なり 巧如上人御袈裟は小ひも共に肩にかけたまふ。実如上人 僧正より以来、木蘭色の裘帯なり、但し正月七日、又は御法会の時は緋の裘帯なり、又、末々御免の御影は黒衣なり、

と如信宗主、覚如宗主から蓮如宗主、実如宗主からの宗主の衣裳について記しています。

さて、親鸞聖人の御影のひとつに等身之《とうしんの》御影《みえい》といわれるものがあります。『法流故実条々秘録』（一の十四）に、

等身之御影と申は、木像の御真影をうつされたるを云、真向之《まむきの》御影《みえい》

とも申也。等身御影は無左右無免事也。等身御影には御賛は無之もの也御裏書計也、興正寺殿へは顕尊之御代に御安置被成候也、一家衆中にも等身御影安置候は七ケ寺計、播州亀山本徳寺殿、越中国井水郡勝興寺、河内国出口光善寺、山城国京寺内常楽寺、河内国久宝寺顕証寺、伊勢国長島願証寺、越中国井波瑞泉寺、右之七箇所之外無之、

と記して、次の貼り紙がついています。そこには、

摂州上郡富田本照寺殿 法名：、実名円従 等身御影は明暦三年丁酉仲冬十九日、御堂今年立移徒に御門跡様大坂塚報恩講遇、御上洛に富田へ九日に御成候、則今度為御土産被遊候、

と記しています。このことから真向《まむき》の御影《みえい》が八ケ寺に存在していたことがわかります。親鸞聖人の御影は鏡御影《かがみのみえい》、安城御影《あんじょうのみえい》が有名ですが、すぐに連想するのが『御伝鈔』上巻第八段に出てくる御影です。この御影

の経緯は入西坊（唯円坊のことか？）の請いによって、定禅法橋《じょうぜんほっきょう》が描いたといわれるものです。『御伝鈔』に宗祖が七十歳の仁治三年（一二四二）九月二十日の夜のことだとあります。そうですから、関東から京都に帰って十年に満ちていないころのことです。『真宗故実伝来鈔』に、

入西房頂戴の御影像は、定禅法橋の筆なり、仁治三年九月廿日とあれば、聖人七十歳の御歳なり、伝文に、御首ばかりを写されしに足ぬべしと云々、乃至、去れば夢にまかすべしとて、乃至、已上、依之、御首の御影と称す。この御影常州久慈郡川井村枕石寺の什物なり。この御影、東六条絵所にもありと云々、入西房又は唯円と号、彼寺道円の跡を続て住持す、依てこの寺に安ず、又た、或説、今御首御影は、西本願寺絵所にあり、当時本山より御免の御面貌、この御影を写し奉るといへり。去れば何れか正像哉、真偽雄弁、

と、『御伝鈔』に出てくる御影のことにふれています。

さて、宗祖の御影としては、⑴鏡御影　⑵安城御影（正本、副本）⑶熊皮御影　⑷真向御影　⑸花御影があります。これらの御影について簡単に紹介しておきます。まず鏡御影です。これは専阿弥陀仏信実が描いたもので、一尺一寸二分（身の丈は二十八cmあまり）で右向きに立っているお姿です。力づよい簡素な線画です。親鸞の生き写しといわれるほど見事に描いています。御影の頭は鎌倉時代の似せ絵の最高技術で細い線を何本も重ねて精密に描いてあり、軀幹《くかんぶ》部は太い筆で簡略に描かれています。上部には胡粉《ごふん》で彩色している色紙型に「和朝親鸞聖人真影　憶念弥陀本願　自然即時入必定　唯能常称如来号応報大悲弘誓恩」と「正信偈」の文が書かれています。この讃銘は覚如宗主が書いています。この御影ができる経緯を、覚如宗主が巻留に書いているのでその識語から知ることができます。原文は漢文ですが、便のため書き下します。

専阿弥陀仏信実　朝臣の息なり袴殿と号す、聖人御存生の尊像を拝し奉り、謹んでこれを図画す、末代無双の重宝、仰いでこれを帰敬すべし、毛端違い奉らずと云々、その証を得るところなり。

延慶三歳庚戌　十一月廿八日以前、修補し奉り、供養を遂げ訖んぬ。

応長元歳辛亥　五月九日越州において教行証講談のついでに、これを記し了んぬ。

と書かれています。これによると、鎌倉時代に有名な画家の藤原信実の子の阿弥陀仏が、宗祖存命中に描いた鏡御影だというのです。この御影は宗祖の風貌の特徴を力づよく描いています。覚如宗主は延慶三年（一三一〇）十一月に鏡御影を修理しています。翌年の応長元年五月に、越前で『教行信証』の講談をしたときにこの識語を書いたといっています。

この御影の上部の色紙型の讃銘は別紙をつないで書いているのですが、御影の本紙とは別のものです。近代科学技術から透視してみると、次の文が浮かびあがりました。

本願名号正定業　至心信楽願為因
成等覚証大涅槃　必死滅度願成就
如来所以興出世　唯説弥陀本願海
五濁悪時群生海　応信如来如実言
能発一念喜愛心　不断煩悩得涅槃
凡聖逆謗斉回入　如衆水入海一味
摂取心光常照護　已能雖破無明闇
貪愛瞋憎之雲霧　常覆真実信心天
獲信見敬大慶喜　即横超截五悪趣

と、上下二段に「正信偈」の文が書かれていることが新たに発見されました。おそらくは上部が破れ、それを切り取り新しく紙をついで讃銘を書き加えたのだろうといわれています。また、御影の下部は蓮弁を描いて表装しています。この部分を透視すると、

源空聖人云
当知生死之家
以疑為所止涅
槃之城以信為
能入　文
釈親鸞云
還来生死流転之家
決以疑情為所止

速入寂静無為之城
必以信心為能入　文

と『選択集』三心の文と、「正信偈」の文が浮かびあがってきました。上下に銘文を書いているスタイルは宋代の表装形式です。なお、鏡御影の名称がいつ頃からいわれだしたのかは定かでありません。

次に安城御影です。安城御影は正本と副本があります。まず安城御影の由来について、『法流故実条々秘録』（一の十五）に、

安静之御影之事、安静は参河国所の名也　此御影をうそぶきの御影と申也
参河国願証寺先祖、遠江国鶴見専信房専海、安置申さしたる御寿像也、即上下の御賛・御裏書・聖人御自筆云々、建長七歳乙卯《きのとのう》とあり　聖人八十三の御時也　彼専海は真壁《まかべ》の真仏の弟子、聖人の孫弟ながら、（聖人にも）常随の人とみへたり、遠州より参州へこへられける

砌り、聖人御消息に専信房京ちかくなられて、今こそたのもしく覚候と、あそばしつかはされし人也、彼御影は鏡を御覧せられ、御眉の毛も数まで相違なしとなん申伝へり、蓮如上人御代に彼御影二幅うつされ 一幅は御本寺山科御坊にとめたまひ一幅は富田教行寺へつかはさる、其後、実如上人の御時、御本寺へ寄進せられ、参州へは新聖人御影をくださると云々、
右之由来、顕誓反古裏に委記される、（但彼書）文言混乱、前後難見弁故、彼書之趣又古人語り伝ら、旨、草書之、参州願証寺は今絹袈裟衆也、

と伝えています。また、これについて、『真宗故実伝来鈔』におもしろい記事がありますので紹介しておきます。

一、安静御影之事、号二嘯《うそぶき》之《の》御《ご》影《えい》一、又称二根本御影一、建長七乙卯年、聖

人八十三才の御才・和讃並愚禿鈔御撰述おはりたまひ、御歓悦の御容貌を絵像に写させらるゝ、画工は法眼朝円と云々、聖人自を御鏡を御覧ぜられ、御眉毛のしらかの数まで、相違なしと仰せられけるとなり、御影、御老体の御よそほひなり、御畳の下に火鉢一筥、草履一足、鳩杖一本これをかゝせらる。上下に御讃文あり、又愚禿親鸞八十三才と御銘あり、御裏書に建長七年とあり、何れも聖人の御真筆なり、

右蓮如上人御筆記並実悟記等に委曲せり、実悟記には、安静御影表補絵の軸の際に、(弘)建長二年十一月廿八日御往生と記せらる、是は定て御滅後に、御弟子書付らるゝものか、光玄法師存覚は専海の筆跡かとあそばされ侍る、かの専海は、常州真壁の真仏聖の弟子、聖人御在世、殊に昵近の孫弟子なり、専

信房と号す、遠州より三州へ越されける砌りの御消息に、専信房京近くなられて、今こそ頼母而覚へ候とあそばされける、とりわき常随給仕の志、感じ思召されけるにや、然ればこの安静の御影は、御恩免の真影か、真仏よりの相伝かの事、去をば文和の比《ころ》三州照心坊御物語申されしを、存覚上人御懇望ありし間、同四年上洛の砌り持参し時、上件の子細を遊し留られ侍り、照心房は専海の弟子、願正寺といへるこれなり、世中に伝へ侍るは和讃御撰述なされ御歓悦の御形を写させ侍る、画工は朝円法眼と云々、或は嘯の御影とも申しならはし侍るとなり、巳上、

同筆記には、又高田の顕智、真仏聖りより相伝の御影も、同き比なるをや云々、或は、御絵像は安城の御影の写たるべし、同き比とあるは建長七年の比、安静の御影同図に写さるゝと見へたり、巳上。

同筆記には、近比又京都金宝寺より一幅進上、これも同じ御影像、御裏書は是なし。上下の色紙の讃も御筆にて在す、然共、正信偈の文、前後相違の事あり、同時に画師写し奉りけるにや、去年拝見し奉り伺ひ申し侍しかは、安静の御影は、別に御座候旨、仰せられ出侍りと云々、

此筆記の趣きは、実悟、金宝寺進上の御影を拝見し、安静の正像たるや否を伺ひ申し上玉ひしかは、蓮如上人の仰せに、安静の御影は別に是あるよし、御返答なり、別にと仰せられ侍るは、三州願生（照）寺に安置せらるゝゆへに、かくのたまふか、実悟は三州の御影を拝たまはざるゆへ、御尋ね申上らるゝときこへたり、

同記云、安静の御影、蓮如上人の御代、召のほせられ、二幅写させ

られ、一本は山科の貴坊に御安置、一幅は冨田教行寺に置せられ侍る。正本は願正寺へ返し下し給ふ、巳上、

有云、山科の貴坊に御安置の御影は、後に蓮如上人の御息、顕正寺兼誉 法名蓮淳 へ御付属なり 又号光応寺、初は江州志賀郡近松村に居住、後に河州久宝寺に住なり、この御影、代々顕正寺に安置してたまふなり、

同記云、実如上人の御代、蓮淳、円如へ仰せ談ぜられ、御本寺へ寄進申され侍りぬ、三州へはあたらしく開山の御影御免なされ侍へり、巳上、

願正寺は、三州青海郡青海ノ庄、長瀬経越村なりと知るべし、右、安静の御影は、実如上人の御時、三州願正寺より御本寺へ進上せられしより以来、御代々御崇敬あさからず、御本寺第一

の御宝物と崇めたまふ、依之、教如上人、東七条へ御移住の時、本寺歴代の御宝物なればとて、この安静の御影並御伝鈔四巻覚如上人御筆御絵は浄賀法眼本願寺形附の茶入、右三種の御什物を御輿の前に持させたまふといへり、当寺本山第一の御宝物なり、

と詳しい説明をしています。興味ある記事なので、読者がそれぞれ味わってみてください。ともあれ三河安城の専信房専海の願証寺に伝来しているから安城御影の名称がつきました。御影は上部の一段に『浄土論』の二文、二段に『大経』の第十八願と経文二文が書いてあり、また下部は「正信偈」二十句が書いてあり、愚禿親鸞八十三歳と記されています。鏡御影と異なるところは、安静御影は上・下部の讃銘と御影が同じ絹布に書いているところです。『存覚袖日記《ぞんかくそでにっき》』に、「うそをふかせまします御口なり」とあるところから嘯《うそぶき》の御影と表現されています。御影のお口が、

口をつぼめて息をつよく吹く形をしているから「うそぶき」と言われるそうです。存覚が文和四年（一三五五）にこの御影を披見したときの様子を『存覚袖日記』に記しています。また、この御影の裏書に「親鸞法師真影　建長七歳□月八日法眼朝円筆」と記しています。御影を描いた朝円の所伝はないのですが、親鸞八十三歳のお姿を描いたものです。

もう少し説明しておきます。安城御影には三本あり、まず国宝、絹本着色の安城御影・正本です。『図録　親鸞聖人余芳』に、「黒衣墨袈裟を着けて両手で念珠を爪繰りながら、小紋高麗縁上畳《こうらいべりあげたたみ》に右斜めに坐す像。畳の上に敷皮をして、前には火桶と草履と杖が並べられている。この画像については、覚如宗主の長男存覚の『袖日記』に詳しく記されており、建長七年（一二五五　親鸞聖人八十三歳）に法眼朝円という絵師によって描かれたもので、聖人が御覧になって、鏡より似ていると仰せられたという。画面上部には二段の、また下部には一段の賛銘を付ける。賛銘の筆跡は親鸞聖人の真筆と認められることから、親鸞聖人在世中に制作された像（寿像）であることがわかる。もとは三河国（愛知県）安城に伝来していたが、実如宗主のときに本願寺に寄進されたことから、安城御影と称される。特にお顔の部分の傷みが激しいのが惜しまれる。」と説明しています。また、国宝、絹本着色の安城御影の副本があります。『図録親鸞聖人余芳』に、「親鸞聖人八十三歳の寿像である安城御影を忠実に模写したものである。蓮如宗主自筆の裏書によると、文明十一年（一四七九）に製作されたことがわかる。寛正二年（一四六一）に親鸞聖人二百回忌に際して、蓮如宗主は三河国の願照寺（現・岡崎市）に伝来していた親鸞聖人の寿像である安城御影をとりよせて拝見して修理が施された。しかしその後も蓮如宗主に保管されていたところ、寛正の法難によって東山大谷の本願寺が破却され転々としている間に破損してしまったため、再度修理をして願正寺に返却されることとなった。その製作された摸本が本御影である。なお天地の賛銘は蓮如上人の筆跡である。」と説明しています。また、東本願寺所蔵、重要文化財、絹本着色の安城御影があります。『図録　親鸞聖人余芳』に、「本山に所蔵されている御影と全く同じ姿を描いた画像であるところから、安城御影と称されている。この御影の上下には賛銘が書かれており、本山の賛銘と比較すると、最下段の賛銘の正信偈のうち、常覆真実信心天と雲霧之下明无闇が入れ替わっており、また如衆水入海一味の水が脱落している点が異なっている。さらに、同じ賛銘の冒頭が和朝釈親鸞法師正信偈曰とされていることから、宗祖が自身で法師と称されたことに対して、この賛銘を宗祖の自筆とすることに疑問視する意見が出され、この賛銘を親鸞聖人の真筆かどうかについて議論がなされてきた。しかし筆跡の特徴は、聖人自筆と酷似している。」と説明しています。

次に熊皮御影（奈良国立博物館所蔵、重要文化財の絹本着色）です。『図録　親鸞聖人余芳』に、「右斜め向きに坐す親鸞聖人を描いた御影である。黒衣墨袈裟を着け首に帽子《もうす》を巻く聖人の姿としてはなじみのものである。大紋高麗縁《こうらいべり》の上畳《あげたたみ》の前に二股に分かれた杖を横たえて描かれているところは、安城御影と共通するが、その他の調度品は見られない。上畳のさらに上には黒く手足の長い毛皮の敷物が敷かれており、安城御影が狸皮とされるのに対して、この御影は熊皮のように見えたところから、その名がつけられている。口元や目尻にやや笑みを浮かべたような表情で描かれており、安城御影に比べると、人間味に満ちた聖人の印象を与える。元は京都市伏見区の常福寺に所蔵されていたものという。」と説明しています。

次に花御影（絹本着色で常楽台所蔵）です。『図録　親鸞聖人余芳』に、「四脚の牀座《しょうざ》の上に大紋高麗縁の上畳を敷き、その上正面向きに合掌しながら坐す親鸞聖人像、台坐には背屏が付けられており、そこにははめ込まれた背板には、ちょうど頭部の左右にあたるところに蓮華が描かれているところから、花御影という名が付けられている。上部には色紙型を設けて親鸞聖人正信偈曰と題して、如来所以興出世以下の八句を八行で墨書する。背面に貼られた修復時の裏書から、覚如宗主の長男である存覚が、文和三年（一三五四）に画工康楽寺浄耀に依頼して描かせたものであることがわかる。親鸞聖人を正面向きに描いた真向御影としては、最も古いものである」と説明しています。

次に真向御影（絹本着色）です。『図録　親鸞聖人余芳』に、「二狭間《さま》の礼盤の上の繧繝縁《うんげんべり》の上畳を敷き、正面向きに坐す親鸞聖人像。正面を向いた聖人を描くところから、真向御影と呼ばれ、また本山の御影堂に安置されているお木像（御真影）を写したとするところから、等身御影とも呼ばれる。面貌は、目の上瞼をへの字形とし、目尻はやや下がり気味に描かれている。目尻や頬に皺があり、眉毛を白く描くところは、老齢の聖人を表している。目元の表現からは慈悲深く柔和な聖人像を窺えるが、小さく引き締まった口元からは、堅い意思をもつ聖人の印象を表しているものと思われる。現在は別装とされている裏書から、文明九年（一四七七）に蓮如宗主から長男の順如に授与された御影であることがわかる。」と説明しています。

七高僧と太子の御影

聖徳太子と七高僧の御影が、本山本願寺に奉懸されたのは、蓮如宗主の時代からのようです。『真宗故実伝来鈔』に、

太子、高僧は、蓮如上人の御時より免ぜらるゝとみへたり、其前は、或は光明本、或は連座の御影を免ぜらるゝとみへたり、（略）連師の御時、初は太子・法然・六祖三幅也、其後の御免は、太子一幅、七祖一幅、二幅に免ぜらる、併ら御列座、今の通りに非ず、

と記しています。また、『真宗帯佩記《しんしゅうたいふうき》』には、

御堂に七高僧の御影かゝりたる時も候ひつる。蓮如御往生五六年は

御堂にかゝり申候。七高僧にては御入りなくて。法然上人をのけて、六高僧にて。野村殿に本堂にかゝり申したることに候。又曰く。蓮如上人御往生のみぎりは（略）一周忌第三年の比。その内の比より。

法然上人の御影は本堂にかゝり申すことに候。

と記しています。また同じことが『実悟記』にも記されています。これによると、蓮如宗主の時代から聖徳太子の御影と、七高僧の御影が御影堂に奉懸されて、准如宗主の時代になってから御影は阿弥陀堂に奉懸されたことが読み取れます。七高僧の配置は、

龍樹	善導	源空
	曇鸞	
天親	道綽	源信

が基本です。この配置について、『真宗故実伝来鈔』は、「どうして善導と源空が右方に描かれているのか」について、

> 龍樹は初祖なれば右座勿論也、次を善導は宗家大師と崇め奉る、尊敬最もあつし、空師の御事は申すに及ばず、別幅とも崇め奉るべき事なり、故に右の方に安じ奉る、

と説明をしています。なお、聖徳太子の御影は太子が十六歳のときのお姿で、有髪俗体に袈裟を召され、柄香炉をささげた三宝頂礼（あるいは父母孝養図という）のすがたです。その太子御影の賛銘は磯長《しなが》御廟《ごびょう》に太子が自ら埋めたという文の最初の一節が書かれています。実悟の『本願寺作法之次第』によると、蓮如宗主ご在世の時は聖徳太子、法然、六高僧の三幅が御影堂に奉懸してあったのですが、次代の第九代実如宗主の時代に、この三幅を阿弥陀堂に移されたとのことです。『大谷本願寺通紀』

という史伝書は貴重な情報が満載されています。それによると、阿弥陀堂に奉懸していた三幅の御影が、准如宗主の時代の天和三年の大火によって焼失した。翌年に准如宗主は自ら聖徳太子の御影を描きました。また徳力善宗に六高僧一幅の御影を依頼しました。

この再興した阿弥陀堂の内陣両脇壇に二幅の御影を奉懸し、法然の御影一幅は、慶長十六年に定専坊《じょうせんぼう》が寄進したものを南余間に奉懸しました。准如宗主はその御影に賛銘を書いて両脇壇に懸けかえました。その後、寂如宗主が貞享三年に江戸の画工狩野養朴《かのようぼく》と狩野洞雲《かのどううん》に六高僧（龍樹、天親、曇鸞、道綽、善導、源信）の一幅を二幅に分けて描くように依頼しました。そして、北脇壇は洞雲が描いた龍樹、曇鸞、善導の三祖、南脇壇は養朴が描いた天親、道綽、源信の三祖が懸けられたのです。これが現在奉懸されている六高僧の両幅です。そして、脇壇にあった聖徳太子の御影は南余間の法然の御影とならんで奉懸されました。

話はまだ続きます。時が流れて、法如宗主が宝暦十年に親鸞聖人五百回大遠忌をお勤めになるのですが、前年に、聖徳太子の御影と法然上人の御影を自ら描きました。これが現在奉懸されている二幅の御影です。七高僧の絵相にはそれぞれの特徴がありますが、「龍華《りゅうげ》天如《てんにょ》意曇《いどん》払子《ほっす》、手《て》組道綽《くみどうしゃく》緋善導《ひぜんどう》、曲彔《きょくろく》源信《げんしん》数珠《じゅず》法然《ほうねん》」と言いなれておくと、七高僧の絵相の特徴を簡単に覚えられると、勤式指導所で学んでいた頃に教えられました。すなわち、龍樹は華をもち、天親は如意をもち、曇鸞は払子をもち、道綽は手を組んでおり、善導は緋の衣を身につけ、源信は曲彔にすわり、法然は数珠をもっているのが七高僧一人ひとりの絵相の特徴なのです。

なお、七高僧の御影は浄土真宗の各本山で一様でありません。ちなみに東本願寺では七高僧の御影は各一人ずつ描かれた七幅で奉懸されています。また、仏光寺は七高僧が各木像となっています。またまた、錦織寺は七高僧が四祖と三祖に分かれた二幅の形式をとっています。

本山本願寺の五尊

本尊、宗祖の祖像、聖徳太子の御影、歴代宗主の御影を五尊と申します。まず本堂の阿弥陀堂の中央はご本尊の阿弥陀如来が安置されています。この阿弥陀如来像は、天和の火災後に、慶長十六年（一六一一）に東《とう》坊《ぼう》から奉献されたものです。このことを、『大谷本願寺通紀』巻九に、

「本尊阿弥陀仏木像　長三尺。後具㆓雲光㆒。俗称㆓丹後光㆒立㆓青蓮台和様八稜九重座㆒春日造。春日即稽文子、稽子国也、（中略）慶長十六年二月東坊得㆓之河内願作村㆒而所㆑進之像也」と伝えています。玄智の説明によると、この阿弥陀如来像は身の丈三尺（およそ一m）で、樒《しきみ》御《ご》光《こう》（俗に舟御光といい

ます）です。作者は春日なのですが。この春日は稽文子《けいぶんし》と稽子《けいし》国《こく》の二人の仏師のことです。両人は河内《かわち》春日《かすか》部邑《べむら》の出身だから春日といっていると玄智はいいます。時の准如宗主が東坊から寄進された阿弥陀如来像を本山本願寺の本尊と定めてから、一度も新しい本尊にかえることなく、今日まで本山本願寺のご本尊としてお敬いしています。

ご本尊に向かって右脇壇には狩野洞雲が描いた龍樹菩薩、曇鸞大師、善導大師の御影一幅がかけられています。上に龍樹菩薩お一人、その下の右側に曇鸞大師、左側に善導大師が並んで描かれています。また、向かって左脇壇は狩野養朴が描いた天親菩薩、道綽禅師、源信僧都の御影一幅がかけられています。上に天親菩薩その下の右側に道綽禅師、左側に源信僧都が並んで描かれています。ご本尊に向かって右の余間（正式には左余間といいます）には法如宗主が描いた聖徳太子の御影が奉懸されであり、向かって左の余間（正式には右余間といいます）には法如宗主自らが描いた法然上人の御影が奉懸されています。

次に御影堂です。中央は親鸞聖人の祖像が安置されています。この祖像を御真影様とお敬い心をもっておよびしています。これは荼毘にふしたときの灰を漆《うるし》にまぜて祖像にぬりこめたという伝承があり、骨肉の御影ともいわれています。御真影様に向かって右脇壇は第二十三代勝如宗主の御影です。この脇壇の御影は直近にご往生された宗主の御影をかけるのが通例です。御真影様に向かって左脇壇は歴代宗主の御影が二幅でおさめられているので御双幅《ごそうふく》といっています。ここには第二代如信《にょしん》宗主から第二十二代鏡如《きょうにょ》宗主までの御影を奉懸しています。御真影様に向かって右の余間（正式には左余間といいます）は十字名号を奉懸していま す。また、御真影様に向かって左の余間（正式には右余間といいます）は九字名号を奉懸しています。これは共に寂如宗主が延宝二年三月に書いた御筆です。

余分ながら大谷本廟にふれておきましょう。仏殿《ぶつでん》（本山本願寺の本堂は阿弥陀堂なので、大谷本廟の本堂は仏殿という特別な名称を用います）の中央は本尊です。『大谷本願寺通紀』巻九に、「元禄九年寂宗主造。或云。仏師康雲造。或云。畑浄玄造。蓋宗主刻レ之。令ニ仏師修レ之也」と記しています。つまり大谷廟仏殿のご本尊は元禄九年に寂如宗主が彫られた本尊なのです。本尊の胎内には寂如宗主自筆の『阿弥陀経』がおさめられているとのことです。向かって右脇壇は第二十三代勝如宗主の御影、左脇壇は第十一代顕如宗主から第二十一代明如宗主までの歴代宗主の連座の御影一幅が奉懸されています。向かって右余間は聖徳太子の御影、向かって左余間は七高僧一幅の御影と覚信尼公の御影が奉懸されています。明著堂の祖壇には曼殊院良尚親王筆の宗祖の御影が奉懸されています。この五尊安置の形式が一般化してきたのは、蓮如宗主以後のことだといわれます。それまでは光明本尊の御影（十字名号、九字名号の名号を中心に、親鸞、七高僧、歴代宗主連座の御影）が多く用いられていたようです。寺院が教化の道場として安定してくるにしたがって、一幅に収められた御影が別々の御影として安置されだしたそうです。

本尊の裏書

寺院の本尊は阿弥陀如来像です。聞くところによると、近年に数ヶ寺の木像本尊が、名号本尊にかえたところがあるそうです。これは今は例外とみておきましょう。本尊は名号本尊、絵像本尊、木像本尊の三種類があります。浄土宗のように「名号より絵像、絵像より木像がありがたい」という考えは、浄土真宗にはありません。いずれの本尊を安置しても同じというのが浄土真宗の考え方です。本山本願寺から名号本尊と絵像本尊の免物があるのですが、その裏書《うらがき》に方便法身尊形《ほうべんぽっしんそんぎょう》と必ず書かれています。この裏書は覚如宗主が初めてです。方便法身宗祖は阿弥陀如来を理解するうえで、とても大事な言葉です。これから宗祖の阿弥陀如来の理解が手に取るようにわかってきます。方便法身は曇鸞の『往生論註』の浄入願心章《じょうにゅうがんしんしょう》にでてきます。

諸仏・菩薩に二種の法身ましします。一には法性法身《ほっしょうほうしん》、二には方便《ほうべん》法身《ほっしん》なり。法性法身によりて方便法身を生ず。方便法身によりて法性法身を出す。この二の法身は異にして分つべからず。一にして同ずべからず。このゆゑに広略相入《こうりゃくそうにゅう》して、統ぶるに法の名をもってす。

曇鸞は法性法身と方便法身の二種法身《にしゅほっしん》の関係から阿弥陀如来はどのような仏かを説明しています。道綽が『安楽集』第一大門の凡聖通往《ぼんしょうつうおう》で曇鸞の解釈を引用しています。浄土真宗の本尊を理解するうえで、二種法身の解釈はとても大事なキーワードです。宗祖は阿弥陀如来の理解にこ

の二種法身で説明をしています。『一念多念証文《いちねんたねんしょうもん》』の中で、

一如宝海よりかたちをあらはして、法蔵菩薩となのりたまひてゝちかひをおこしたまふをたねとして、阿弥陀仏となりたまふがゆゑに、報身如来《ほうじんにょらい》と申すなり。これを尽十方無碍光仏となづけたてまつれり。この如来を南無不可思議光仏とも申す。この如来を方便法身とは申すなり。方便と申すは、かたちをあらはし、御《み》なをしめして、衆生にしらしめたまふを申すなり。すなはち阿弥陀仏なり。この光明は智慧なり、智慧はひかりのかたちなり、智慧またかたちなければ不可思議光仏と申すなり。この如来、十方微塵世界にみちみちたまへるがゆゑに、無辺光仏と申す。しかれば、世親菩薩（天親）は尽十方無碍光如来となづけたてまつりたまへり。

と阿弥陀如来を説明しています。宗祖は阿弥陀如来たる方便法身は報身《ほうじん》

仏《ぶつ》であり、尽十方無碍光如来であり、南無不可思議光仏だと示していま す。ここに宗祖の基本的な阿弥陀如来の理解があります。『一念多念証文』や『唯信鈔文意』に、阿弥陀如来についてわかりやすく説いていま す。ここから法性法身と方便法身の関係をいうと、「真如法性から御名を示して衆生に知らしめたまい、阿弥陀仏となられた」仏なのです。これが宗祖の阿弥陀如来の理解です。法性法身から方便法身の名号として救済のはたらきをしている阿弥陀如来なのです。また、そのはたらきをわかりやすく絵像で阿弥陀如来を表現しているので、名号本尊と絵像本尊には方便法身尊形と裏書してあるのです。

本山本願寺の移転

知恩院のあがりぐち付近にあった大谷廟堂が寺院化して、蓮如宗主の時代まで本山本願寺としてありました。さまざまな事情が発生して、寺基を転々としましたが、お念仏の教えを聞法道場として教化伝道がなされ、宗祖の教えが大衆に根づいてきました。親鸞聖人七百五十回大遠忌法要のパネルではおおまかな移転の歴史が伝えられていました。それはそれでもいいのですが、『真宗故実伝来鈔』に簡単でありながら確実にその足跡を伝えているので紹介しておきます。

御移転之事

一、初大谷　従文永九年御草建、至寛正六年、百九十四年、

一、近松　従寛正六年、至文明十年、十四年の間なり、

この間、吉崎・冨田・堺移転なり、

一、山科　従文明十年、至天文元年、五十五年なり、

一、大坂　従天文元年、至天正八年、四十九年なり、

一、雑賀　従天正八年、至同年十五年、八ケ年なり、

一、貝塚　従天正十一年、至同十五年五ケ年なり、

一、川崎　従天正八年、至同十九年、五ケ年なり、

一、西七条　従天正十九年、至慶長七年、十二年なり、

と、本山本願寺寺基の移転を伝えています。天正十九年に顕如宗主が京都の現在地に移転してから、今日まで続いています。また、『法流故実

条々秘録』（二の二）は、本願寺基の移転の歴史を知るに興味深い内容を記しています。長文ですが全文を紹介しておきます。

文永九年壬申之冬　弘長二年聖人御入寂十一年以後如信御住持職　吉水の北へ御廟をうつされ、仏閣造立あり。影像を安じたまひて、（八十九代亀山院より、）本願寺と云勅号を蒙り給ひ、代々此大谷　吉水の北を大谷と号す　に居住したふ事、（朱書　此大谷御本寺は今は知恩院山門の西也）蓮如上人に至まで七代也、延暦寺衆徒、当家次第に繁昌したまへる事を深くそねみ、（蓮如上人五十七歳之時折節）文明三年辛卯二月十六日夜、（彼岸之中云々）俄に発向し堂舎仏閣一時に焼払て、此時代々の霊地忽退転し訖ぬ、多勢難レ防、御真影を庭の木陰にかくし、（作庭のごみの中に隠置たまふと也）蓮如上人側はらに隠忍たまひぬ也、衆徒乱入し彼爰尋廻けるに、（蓮如上人は灰小屋に古こもを引かつきかくれたまふと也）終に是を不レ奉二見出一事不思議之奇瑞也、彼賊徒等かへりおはて、（其夜の）深更に（蓮如）上人は「御真影なにとか成たまへるとあるに、あられさせたまはずして、一・二御具しめ忍てかの所に行いたりたまひぬれば、かの庭の木陰に別義なく在しければ、たゝ夢のこゝちしたまひて、すなはち」御真影を守りたまひ、京都にそのころ三河国住人佐々木如光参州佐々木上宮寺先祖也とて無二の信者在京せしを、御たのみあて、彼小屋にしばらく隠たまひしとなり、（此如光はそのころ京都所司代に奉公と也）山門の衆徒猶も上人の御行衛をたずねて又可二べし押寄一すと議する旨きこえければ洛中の御住居もなりかたたければ三井寺を御頼みあて、彼境内に被引越也云々、そのころ叡山と三井寺不和にして矛盾也。敵御方の義也京都如光小屋に少の間忍び在し時も、三井寺に御坐の中にも、朝暮の御勤は闕如なかりしとなり、其後、御真影をば三井寺の境内（南別所）近松にすえおき給て、六男蓮淳 諱兼誉河内顕正寺元祖後号光応寺 御留守職に践し置かれ、北国所々御回国あり、越前国坂北郡吉崎に一宇を建立し給て 文明三年より同六年迄四年に御在国也。上人五十七歳より六十歳迄 日々繁昌ある所に、文明六年三月廿八日酉剋云々。不慮に炎上ありて、再興之儀被相催候処、下間安芸行跡に付て地頭憤りを含み、国人の大略別心仕ければ、翌年文明七乙未年八月下旬に、俄に此処を退出せられ、海路を便船にまかせ、若州小浜の津に着岸したまひ、それより丹後路をつたひ、摂州富田へ越へたひ、この所に少の間御逗留ありて、其れより河内国茨田《まった》郡中振の郷出口と云所へ越たまひて、三年御居住云々、此間に泉州堺の御坊をば建立なされしと也、其後、文明十年戊戌上人六十四歳正月廿九日とあり 出口より、山城国宇治郡山科小野庄内西中路《にしなかうじ》へ御移住あて、翌年より御堂造立事初あり、文明十二庚子成就あて、霜月十八日に近松より此所へ御影像をうつし奉らる云々、山科へ御本寺をうつされしより、諸国挙て参詣し、次第に繁昌したまひて、其後、延徳元年己酉八月廿八日蓮如上人七十五歳之時、山科の南殿へ隠居なさる、則実如上人御家督于時三十三歳、実如上人御隠居之後（八十二歳八ヶ年）、明応五年丙辰秋下旬、大坂御坊は御建立也。然る後明応八己未暮三月廿五日（蓮如上人）八十五歳にして山科南殿にて御遷化也、（其後）実如上人御代延徳元、三十二歳より六十八歳迄御法流益々繁昌し、大永五年乙酉二月二日、六十八歳にて同山科にて御往生なされ候、于時証如上人十歳也、（比証如上人）実如（上人の）御孫也。（実如御二男也）円如上人は証如御父五年以前、三十二歳にて御早世たるに付、則（円如の）御子証如上人へ御家督を被遊候、（証如上人）幼少たりといへども、無別儀、御住持職として弥当家繁栄之処、下間筑前と下間源十郎と互に威をあらそひ、武家並に三井寺の衆徒をかたらひ合戦に及、不慮に天文元壬辰年八月廿四日山科霊場悉回禄す（御堂御建立よりは五十三年目、山科へ御移住よりは五十五年也）証如上人十七歳。山科炎上之時は御真影を御堂の作合《つくりあい》の東之方に穴を掘うづめ奉られんと古日記の中にあり、山科炎上之後、証如上人は大坂へ御下向なされ、

　御真影をば炎上之夜、宇治たはらと云所迄のけ置、

　天文元年八月廿七日大坂へ送り奉と云々、

蓮如上人御建立あそばし被置候御坊を再興修造あり（御本寺とさだめ）、法流御相続あり、又繁昌と成る、而して天文廿三年甲寅（夜より御不例とあり）八月十三日証如上人大坂にて御遷化于時三十九歳、（御子）

顕如上人、（于時）十二歳也。御往生之前之夜、俄に御得度なされ、御法名証如上人御筆を以。（顕如と）被遊候、御家督被渡候、其後永禄七年甲子十二月廿六日夜、大坂之御坊（顕如上人廿二歳）又炎上す天文元より三十三年して也、やがて御再興ありしと云々、其後、（文章挿入）「平信長敵対度々合戦あづかりになり扱になり、」紀伊国雑賀《さいが》庄鷺ノ森へ御移住は天正八庚辰年四月十日也（永禄七年炎上より八十七目顕如上人三十八歳准如様御童体四歳也）、此所に居住　前後四年、其後（文章挿入「天正十一癸未七月四日、」和泉国貝塚へ御坐をうつさる中一年御座也、爾来天正十三乙酉八月十三日（太閤秀吉天下執権の時也）、貝塚より摂州南中嶋天満へ御座替なり（天正十年壬午六月二日信長為明智被殺）、此所に前後七年御居住、其後、当地山城国愛宕郡京六条へ御移住は天正十九年辛卯八月五日（太閤秀吉天下執権の時也）、従天満被引越候也。顕

如上人四十七歳　准如上人十五歳　之御時也、翌年文禄元壬辰霜月廿四日、
顕如上人当六条にて御往生、于時五十歳、
一、代々大谷御居住之間二百年如信上人より蓮如上人に至り文永九年壬申より文明三辛卯まで
一、吉崎蓮如上人五十七歳より卒迄　文明三年より同六年迄前後四年四年、
一、河内国出口（文明七年より同九年丁酉）三年蓮如六十一より六十四迄、
一、城州山科御坊之間蓮如・実如・証如三代五十五年文明十年より天文元まで御建立より炎上迄、
一、大坂御居住之間天文元壬辰より天正八年庚辰まで四十九年証如上人十七歳之時より顕如上人三十八歳之時迄准如上人四才迄、
「貼紙　大坂御本寺之時、信長為敵対御御籠城云々、天正八年閏三月五日、為叡慮御扱に成り紀州鷺森へ被引越云々」

一、紀州鷺森御坊之間　前後四年、天正八年より同十一年未癸迄

一、和泉国貝塚御座之間両後三年中一年也、天正十一年従鷺森被引越、天正十三年天満へ移住

一、摂州天満御座之間　前後七年、天正十三年より同十九年迄

一、当地六条へ御移住以来、天正十九年辛卯より中五年也今年明暦二年申丙迄者六十六年及也、寛文八年申迄七十八年也（当地へ御移住より）、

親鸞聖人大遠忌

『御伝鈔』下巻第七段に、文永九年（一二七二）に宗祖の影像を安置して、大谷廟堂が建立されたことを伝えています。その翌々年の文永十一年は宗祖の十三回忌にあたるのですが、その法事が勤まったかどうかは不明です。曽孫・覚如宗主が大谷廟堂を寺院化して、永仁二年（一二九四）に宗祖の三十三回忌の法事を厳修しました。この時に『報恩講私記（式）』を著し、それを本山本願寺で初めて拝読しました。この法事が報恩講の始まりです。本山本願寺の法事の記録に残る最古のものです。この法事に『報恩講私記（式）』と『本願寺聖人親鸞伝絵』（『御伝鈔』）が拝読され、初めての報恩講が勤まりました。法事は一般に一周忌、三回忌、七回忌、十三回忌、十七回忌、二十五回忌、三十三回忌、五十回忌（地方によっては年回の勤め方はまちまちです）です。そして、五十回忌から五十年ごとの年回をご遠忌といいます。親鸞聖人の遠忌法要を大遠忌《だいおんき》、蓮如宗主の遠忌法要を遠忌《おんき》、歴代宗主の遠忌法要は回忌《かいき》という、近年の言いならわしが定着しています。本願寺で勤めた宗祖の大遠忌法要を列記してみます。

五十回大遠忌	覚如	応長　元年	（一三一一）
百回大遠忌	善如	康安　元年	（一三六一）
百五十忌大遠忌	巧如	応永十八年	（一四一一）
二百回大遠忌	蓮如	寛正　二年	（一四六一）
二百五十回大遠忌	実如	永正　八年	（一五一一）

三百回大遠忌　顕如　永禄　四年（一五六一）
三百三十三回大遠忌　准如　文禄　三年（一五九四）
三百五十回大遠忌　准如　慶長十六年（一六一一）
四百回大遠忌　良如　寛文　元年（一六六一）
四百五十回大遠忌　寂如　正徳　元年（一七一一）
五百回大遠忌　法如　宝暦十一年（一七六一）
五百五十回大遠忌　本如　文化　八年（一八一一）
六百回大遠忌　広如　文久　元年（一八六一）
六百五十回大遠忌　鏡如　明治四十四年（一九一一）
七百回大遠忌　勝如　昭和三十六年（一九六一）
七百五十回大遠忌　即如　平成二十三年～二十四年
（二〇一一～二〇一二）

ここで注目したい法要があります。親鸞聖人三百三十三回大遠忌です。この法要は本願寺が現在地に移転してきた直後に厳修している大遠忌法要です。三百五十回大遠忌が間近なのに、どうして大遠忌を勤めたのでしょうか。東本願寺の独立があったからという推測ができますが、その確たる理由は資料がなく不明です。

なお、本山本願寺の大遠忌法要に先立って、大谷本廟独自に大遠忌の予修《よしゅう》が厳修されてきました。これは本山本願寺とは別に厳修されています。大谷本廟予修は、第十三代良如宗主が勤めた四百回大遠忌から修行してきています。今まで勤まった予修を列記しておきましょう。

四百回大遠忌予修（寛文元年十一月七日から三昼夜）
四百五十回大遠忌予修（宝永七年九月二十五日から三昼夜）
五百回大遠忌予修（宝暦十一年九月二十五日から三昼夜）

五百五十回大遠忌予修（文化五年九月二十五日から三昼夜）
六百回大遠忌予修（嘉永六年三月二十三日から五昼夜）
六百五十回大遠忌予修（明治四十一年四月十一日から五昼夜）
七百回大遠忌予修（昭和三十三年四月十一日から五昼夜）
七百五十回大遠忌（平成二十一年十月十二から十五日各一座、十六日は龍谷会とあわせての厳修のため日中、逮夜）。

なお、従来大谷本廟の大遠忌を予修と歴史的に表現してきていますが、七百五十回大遠忌は「大谷本廟における大遠忌」という表現に変わりました。

『式文』『嘆徳文』『御伝鈔』の拝読

『式文《しきもん》』（正式名称は『報恩講私記（式）』といいます。）が、本山本願寺で初めて拝読されたのは覚如宗主のときです。このことを従覚《じゅうかく》の『慕帰絵詞《ぼきえのことば》』巻五、乗専《じょうせん》の『最須敬重絵詞《さいしゅうきょうじゅうえのことば》』巻七にふれています。なお、存覚の『嘆徳文《たんどくもん》』が共に拝読されるようになったのは、覚如宗主の嗣子善如宗主の時代だろうといわれています。

『御伝鈔』（正式名称は『本願寺聖人親鸞伝絵』）が初めて拝読されたことについて、『実悟記』には次のように書いています。

明応五年十一月の報恩講の二十五日に、御法談あり。御伝を御前にてあそばされ、各ありがたきよし申され候。

とあります。『御伝鈔』は「御絵伝」の詞書《ことばがき》です。覚如宗主は曽祖父・親鸞の足跡を二十六～七四歳までの四十八年間も、関東の遺弟たちから聞き取り調査をして書き続けた親鸞聖人の一代伝記です。現在は本山本願寺や一般寺院は康永本《こうえいぼん》といわれる康永二年に脱稿した上巻八段、下巻七段の『御伝鈔』を拝読しています。『御伝鈔』と「御絵伝」はもともと一巻ずつ四本にまとめてありました。それが四幅の御絵伝（あるいは二幅の御絵伝）と上下二冊の『御伝鈔』に分けられました。このことを『真宗故実伝来鈔』の「絵伝之事」に、

絵伝は、覚如上人二十一才にて正応三年、慕祖師之旧跡、東北国を巡見したまひて、正応の末のころ、上洛します、于時、永仁三年二十六才、冬の比《ころ》、聖人の縁起四巻を述べ、四巻をまた、浄賀に命じ

て絵相を加と、然るに、覚如上人御述作の伝には、外題・内題共になし。伝文を先にし絵を後にし巻を別て四巻とす、伝と絵と別たまふ事は、存覚上人の時也、二巻の絵相を一幅に画し下を前とし上を後として下より上へかかせる後の二巻を一幅にし、伝文を二巻とし、画に合して第一段・第二段の標目を定めたまふ上巻八段・下巻七段、其より以来、拝見絵相、聴聞の伝文、甲州万福寺に二幅の絵相あり、存覚上人の御銘なり、是絵伝の最初哉、当時四幅の絵伝は蓮如上人の御時より初るとみへたり、

と、はじめは伝文と絵伝が交互に書き描いていた巻物が四巻でした。一巻ずつの絵伝（康楽寺浄賀が描く）と伝文に分かれて、四幅の御絵伝と上下二巻の『御伝鈔』に形をかえてきたことを伝えています。また『法流故実条々秘録』（一の三十二）に、

報恩講御伝鈔、御本寺には、（霜月）廿五日初夜に拝読候　古来御堂衆、一老役也、一家衆中面々の寺々にて報恩講執行之時、御俗姓御免候所などには結願之前日逮夜に御俗姓あり、其前。逮夜過に御伝あり、但、御伝鈔拝読之日は省れたる儀無之、御本寺之外、院家衆・内陣之衆いづれも御伝鈔は自身読申事に候、御伝鈔拝読之時は、袈裟懸不申候、金扇念珠　木念本式也　但水精にても、計也、袈裟懸て読衆あり、非本儀之由広教寺賢超光善寺准勝常々物語候、

と伝えています。蓮如宗主が十一月二十五日に『御伝鈔』を読まれたことから、御正忌報恩講の一月十三日（旧暦十一月二十五日）の初夜に、『御伝鈔』が拝読されるようになってきます。

「御文章」の拝読

『実悟記』に、蓮如宗主が病気のときに「御文章」を読んでほしいと、枕元にいた慶聞坊龍玄《きょうもんぼうりゅうげん》（蓮如宗主の葬儀のときに導師をした門弟）にたのんだことを伝えています。

慶聞坊に何ぞよみてきかせと仰あれば、御文をとりいだし、御堂建立の御文を三遍よみ申されければ、あら殊勝やと仰せらるといへり。

と「大坂建立の章」（五帖八十通の中、第四帖目第十五通）を常随の慶聞坊龍玄が三度くりかえし読みかえしたことがありました。それを聞いた、蓮如宗主はとても阿弥陀如来のお慈悲をよろこんで感激されたと伝えています。

また勤行のあと、あるいは法話のあとに「御文章」を拝読するようになってきたのは、いつ頃から始まったでしょうか。それについて『真宗帯佩記』は、

下間駿河入道をめして。御使として御堂衆へ仰出され候。勤後にて御文《おふみ》をよみても讃嘆すべし。まず讃嘆しても御文よむべし。讃嘆の中にも、御文よむべし。御文よまずして。讃嘆ばかりもすべし。一様にはすべからずと仰出され候て。毎朝の様体かはり候つる。その比は慶聞坊法敬坊勝尊佑信坊などみな候しときのことなり、

と伝えています。これによると、蓮如宗主の後を継いだ実如宗主の時代から、御堂の勤行の後に「御文章」を拝読するようになったようです。

しかし、それは必ずしも拝読しなければいけないというものではなかっ

たようでもあります。また、『真宗故実伝来鈔』には、

上人御往生の前に、山科南殿にて仰せられけるは、何にても御到耳有度由、仰せければ、慶聞坊、兼て上人のあそばされし御消息の十通計りよみまひらせたれば、其時、上人仰せられて曰、不思議なるかな、吾書たるものなれ共、今到耳すれば、甚だ殊勝なり、我ながらしあとにても、是を読て人々に信をたらすべし、聖教といはんもおそれあり、文章といはんも又た其聞え、ただ文といふべしと仰せられ、殊更実如上人へ其旨、御遺言在せしかは、御遷化の後、実如上人、連師のあそばれたる御文をとり集めたまひて、其中に別して殊勝なるを取揃へたまひて、巻を五巻にわけ、諸門下へたまはりけると（略）証如上人の御代には五帖一部書本にて御判なり、顕如上人の御時、開版なり、又御俗姓の御文は各別なり、

と、『御文章』の拝読の意義を伝えています。次代の実如宗主は数多い「御文章」を五帖八十通に整理しました。そして、証如宗主の御代に『御文章』が開版されたことを伝えています。さらに時代が流れた顕如宗主の時には、「御文章」を拝読することが、宗祖の教えを宣布する教化になってきていることを伝えています。『法流故実条々秘録』（一の三十八）に、

御本寺報恩講七昼夜之中、逮夜・朝勤に拝読之御文は五帖一部之外に別に一帖あり、五帖一部の中以上十三通報恩講に対せられたると、
最初は御俗姓と也、
それ祖師聖人の俗姓をいへば　最初に御俗姓文あり
夫中古以来当時にいたるまで
抑当月の報恩講は開山聖人の御遷化の正忌として

抑今月報恩講の事、例年の旧義として七日の

抑今月二十八の報恩講は昔年よりの流例　八ヶ条也

抑当国摂州東成郡

抑今日は鸞聖人の御明日として

抑当流門徒中におひてこの六ヶ条の

抑今月廿八日は開山聖人の御正忌として毎年

抑この御正忌のうちに参詣をいたし

夫南無阿弥陀仏ともうすはいかなるこゝろなれば

抑親鸞聖人のすゝめたまうところの一義のこゝろは

夫弥陀如来の超世の本願とまうすは末代濁世

抑このころ当国他国のあひだにおいて

以上十四通

右之御文、次第前後は定たる儀無之、拝読之（拝読之）人々心次第拝読被申候。但、右之内御俗姓は廿七日の御逮夜古来二老役、抑この御正忌のうちは廿二日朝勤、大略は一老役但是は近年は御書出次第　抑今日は鸞聖人は廿七日の朝勤、右三通は往古より式日定り拝読被申候。八ヶ条は能者之仁前々より読被申候。
右之外に一流安心の体と云事は、報恩講にも前々より読被申候。右一帖の中に入と性応寺了尊も我等も覚置候、拝見申候へば右之中に不入候也、

と、往事の御正忌報恩講に拝読していた「御文章」を伝えています。

さて、ご法義をお取次ぎする説者（布教使）は、法座の終わりには必ず法座にふさわしい「御文章」を拝読するようになってきたのは後代のことです。『考信録』巻一に、

すべて法談の尾には肝要を御文に譲って必ず之を読む。実に万代不易の法と云つべし。たとひ法談には説者の意楽により小差を存すとも、御文を定規とすれば安心に相違あるべからず。

と言っています。実にもっともなことです。布教使はお取次ぎする内容に得手《えて》と不得手《ふえて》な分野があるはずです。そこでお取次ぎの最後に「肝要は御文章をいただきます」と聴衆に言上して、「御文章」を恭しくいただくのです。これはお聴聞の同行と共に最後に、「御文章」から、宗祖親鸞のお心をいただきましょうという安心《あんじん》の定規《じょうぎ》としているからです。布教現場では、どんなに熟練の布教使でも、また経験の浅い布教使でもこの思いを大事にして、布教使たる者は最後に恭しく安心を味わいながら拝読して退出すべきです。

龍谷会

毎年十月十五日から十六日、大谷本廟で厳修する報恩講を龍谷会といいます。大谷本廟が東山に移転したのが、准如宗主の時代の慶長八年です。次代の良如宗主が仏殿を造営し、次次代の寂如宗主が元禄七年（一六九四）に一間半四方の宝形《ほうぎょう》造りの堂舎を造営して、宗祖の遺骨をおさめました。これが現在の祖壇です。それから宝永六年（一七〇九）に祖壇の前に間口十間、奥行き五間の拝堂を建て明著堂と名づけました。仏殿の後方にある御堂です。また、寂如宗主は元禄十五年九月二十六日仏殿に龍谷山の額をかけ、享保九年九月二十五に明著堂の額をかけました。

この大谷本廟のご本尊に関する興味をそそる記事を見つけました。玄智の『大谷本願寺通紀』巻九に、「或云、仏師康雲造。或云、畑浄玄造。蓋し宗主之を刻る。仏師をして之を修するなり」とあるところです。大谷本廟の仏殿の本尊が寂如宗主自刻の本尊だというのです。さらにはご本尊の胎内には寂如宗主自筆の『阿弥陀経』がおさまっているそうです。

話はもとにもどりますが、大谷本廟が完成した時に、御正忌報恩講とは別に報恩講を厳修しました。以後に大谷本廟だけの報恩講が厳修されるようになっています。昔は大谷会《おおたにえ》とか本廟報恩講といわれていましたが、明治以後は龍谷会《りゅうこくえ》といっています。なお『本願寺派勤式の源流』に、

祖廟の整備拡充に意をそそがれた良如・寂如両宗主のころから修行されたものと思われる。西光寺祐俊の『本山年中行事』には書かれていないが、寛政十一年（一七九九）に筆記された『御堂年中行事』に

は九月二十七日に大谷報恩講と書いてある。明如宗主ご継職のはじめ、明治八年ごろにはまだ九月十五・十六日に執行されていたが、同十五年には、十月十五・十六日となり、すでに今日まで九十五年（昭和五十七年当時）を重ねている。御正忌につぐ至重の法要で……。

と記しています。

降誕会

宗祖のお誕生日をお祝いする降誕会法要は、暦が今の新暦に改められて間もない明治七年（一八七四）五月二十一日に、第二十一代明如宗主が御影堂で勤めました。これが最初の降誕会法要です。これは明治時代にキリスト教が解禁になり、誕生日を祝うキリスト教の広まりと関係があったのかもしれません。『本願寺派勤式の源流』に、本山において初めて宗祖降誕会を祝された時の、明如宗主の遺稿を紹介しています。

「わが大師の降誕はもとの暦の四月一日なるを今のこよみに引きあてれば五月二十一日となりぬ。（中略）これ文部省にて推歩対照せしいといとたしかなる法によれるにて………かくあらためて降誕の佳節を祝することと定め」と………。

と明如宗主の遺稿を通して、本山本願寺で降誕会を勤める由緒を記しています。降誕会の起源は日野誕生院で勤まっていた誕生会《たんじょうえ》にあるといわれています。日野誕生院には宗祖親鸞が五歳のときの童形の像が安置しています。本如宗主が文化年間に日野家の菩提寺法界寺を調査して堂宇を建てました。これが日野誕生院のはじまりです。それから毎年四月一日に宗祖親鸞の誕生会の法要を勤めてきました。

どうして四月一日に降誕会が勤まるかについて、少しふれなければなりません。実は宗祖の誕生日を示す資料は存在していません。これは過去帳をみれば日本人の考えがわかります。過去帳には誕生日が記録されておらず、往生の年月日しか記録しておりません。これは故人を偲び感謝の思いを伝える法事を大事にしてきた日本の風土かもしれません。乗《じょう》専《せん》の『真宗血脈伝来鈔《しんしゅうけつみゃくでんらいしょう》』に、「高倉の院の御宇承安三年癸巳に誕生したまふ、亀山院御宇弘長二年十一月二十八日に御入滅春秋九旬」と、誕生の年と往生の年月日だけ記しているだけです。宗祖の誕生日は一切ふれていません。この時代は誕生日を問題にしていなかったのです。このことから覚如宗主や、存覚の時代は誕生日を気にしないで、ご往生の年月日のみを記しています。その遺徳を偲んで年回を勤めたのかもしれません。ところが、真宗髙田派の普門《ふもん》が宝永三年（一七〇〇）に『髙田絵伝最要《たかだえでんさいよう》』を著わして、宗祖の誕生日は「人王八十代高倉院承安三癸巳《みづのとのみ》四月朔日」と明言しました。これが宗祖の誕生日の初見です。『高田絵伝最要』には宗祖の弟子の順信が書いたという「下野縁起《しもつけえんぎ》」に誕生日が記してあり、それを根拠にして引用したと書いています。正徳五年（一七一五）に高田派の良空が『高田開山親鸞聖人正統伝』を著して、「下野縁起」が専修寺宝庫に存在していると記していますが、この資料は残念ながら発見されていません。ところが、どういう理由かわかりませんが、本願寺派の玄智の『大谷本願寺通紀』と大谷派の慧旭《えぎょく》の『宗祖世録《しゅうそせろく》』が『高田絵伝最要』に示している四月一日説を採用したのです。それで誰もが疑問をもたないで、東西本願寺の歴史学者が認定した誕生日を、現在まで伝承されているのです。明治維新の前後は代上が混乱しており、宗祖の誕生会が一時とだえていました。世情がおちついた明治七年に、明如宗主が旧暦四月一日を新暦の五月二十一日に、誕生会を降誕会と名前をかえて復活し、今日まで続いています。

裏頭

降誕会は「無量寿経会」というお勤めをするのですが、このお勤めの時に証誠《しょうじょう》と題者《だいしゃ》が頭にかぶるものを裏頭《かとう》といいます。裏頭は衣の片袖に似たものです。白羽二重を袷《あわせ》にしてそれを輪にぬい、内側に紐を額にあてて後頭部でむすび、裏返して頭をつつむもので、頭巾のような格好をしています。この裏頭を着するについては諸説があるのですが、昔は伝教大師や弘法大師の例にならい、各宗の高僧に与えられていました。後代になると免許によって着するようになってきています。『考信録』巻五に「裏頭と襟巻はもと一物にして、頭をつつまざる時は、襟にまきおくものなるべし」といっています。『大谷本願寺通紀』巻三に、「貞京四年祖忌初逮夜、宗主始著縹《はなだ》裏頭」と記されていますから、本山本願寺でこの裏頭を初めて使用したのは寂如宗主のようです。この裏頭は別名に探題帽《たんだいぼう》とか花帽《かぼう》ともいわれています。降誕会の「無量寿会」は明如宗主が天台宗の「法華大会」に倣って制定したものです。「無量寿会」の題者は裏頭をかぶり、論義の出題者であり、その論義を制定する一座の主役をつとめる役です。証誠はこの論義が正しく行われたことを証明する役は宗主があたられることになっています。多くの場合は証誠が題者を兼ねて行われるのが通例となっているそうですが、時として題者を別命される場合がありました。題者の別命は勧学職のものがお受けする場合が多く、例として足利義山、花田凌雲、梅原真隆などが拝命されて裏頭をつけて役をこなしています。龍谷大学に裏頭をつけた明如宗主の寿像があります。これは紫衣に七條袈裟で、裹頭をつけ手に水晶念珠と柄香炉をもち、如意などを入れた三衣函を前にして着座されています。これは「無量寿会」法式の時のお姿です。明治二十八年（明如　四十六歳）に、洋画家の安藤仲太郎が描いた寿像です。

得度式

僧侶になる儀式を得度式といい、現在は本山の阿弥陀堂内で厳かに儀式を行っています。この得度式について思ったことがあります。歴代宗主の得度はどこでされてきたのだろうかと興味をもちました。『法流故実条々秘録』（一の四十二）に、

御代々御得度之事、（養和元年）高祖聖人九歳之春、慈鎮和尚六二代の座首于時二十七歳也於貴坊、鬢髪剃除し給ひき云々、次、如信上人は覚信尼為御名代、当分之住持職とみへたり、覚如上人は南都一乗院信照僧正正室にして、十七歳之時得度と云々十七歳迄は法相宗を修学、

十八歳之時当家へ帰依爾来、善如上人・綽如上人より証如上人迄は、於㆓青蓮院御門跡之室㆒に代々御得度也、然処、（夏比より御不例あり）証如上人天文廿三年八月十三日御遷化三十九歳、前之夜俄に顕如上人御得度十二歳、御法名証如上人以御自筆あそばし進らる云々、則青蓮院御門跡委細之御理ありと也、御礼義等はあひかわらず前代の如く御上らると反古裏に有之此例を以教如上人・准如上人於㆓当御堂㆒に御得度ありと也、此時、従彼御門跡御不審付色々御理被仰云々、当住様良如上人御得度之時は不及御理候き、是儀当家御繁昌之故也、

と伝えています。宗祖が青蓮院で得度されたという伝承があるので、これ得度の原点とみる方がありますが、これは本山本願寺の儀式ではないので、私はこの考えを払拭すべきだと思っています。歴代宗主の得度は古例に倣って青蓮院で得度してきていますが、証如宗主のご往生の前夜

に嗣子の得度式を石山本願寺で行い、法名を顕如と染筆しました。顕如宗主以後は青蓮院での得度式は廃止になっています。このことは蓮如宗主の孫顕誓《けんせい》の『反古裏書《ほごのうらがき》』や『大谷本願寺通紀』にふれています。この本願寺での得度式は即如宗主まで行なわれていました。専如現宗主は西山別院で一般寺院子弟とともに学び寝食を共にしました。なお『考信録』巻二によれば、歴代宗主は覚如宗主から如の字を法号（通称）としています。実如宗主から光の字を諱号《きごう》に使い、証如宗主から信の字を諡《し》号《ごう》（廟号）に使っています。諡号は死後にその徳をたたえて贈られる称号です。歴代宗主の諡号を、『法式規範』の表に、

歴代宗主		初名・諱号・諡号
宗祖	親鸞聖人	初名　範宴・綽空・善信 諡号　見真大師
第二代	如信上人	
第三代	覚如上人	諱宗昭、号豪摂
第四代	善如上人	諱俊玄、一名宗康
第五代	綽如上人	諱時芸、堯雲 賜号　周円上人

第六代	巧如上人	諱玄康、称証定閣
第七代	存如上人	諱円兼
第八代	蓮如上人	諱兼寿、称信証院 諡号　慧燈大師
第九代	実如上人	諱光兼、称教恩院
第十代	証如上人	諱光教、称信受院
第十一代	顕如上人	諱光佐、称信楽院
第十二代	准如上人	諱光昭、称信光院
第十三代	良如上人	諱光円、称教興院
第十四代	寂如上人	諱光常、興賢 諡信解院
第十五代	住如上人	諱光澄、諡信順院
第十六代	湛如上人	諱光啓、諡信暁院
第十七代	法如上人	諱光闡、字子武 号篋堂、諡信慧院
第十八代	文如上人	諱光暉、諡信入院
第十九代	本如上人	諱光摂、字不捨 諡信明院
第二十代	広如上人	諱光沢、諡信法院
第二十一代	明如上人	諱光尊、諡信知院
第二十二代	鏡如上人	諱光瑞、諡信英院
第二十三代	勝如上人	諱光照、諡信誓院

とあります。第十三代良如宗主までは称○○院ですが、第十四代寂如宗主からは諡○○院となっています。この違いは寂如宗主が歴代宗主の御影を改正して奉懸替えをされたことによります。それに伴って寂如宗主

以後は、宗主が亡くなると次代の宗主が諡号を贈るようになりました。

次に全国に浄土真宗の寺がたくさんありますが、一般子弟の得度式はどのようにされてきたのでしょうか。伊藤義賢の『本願寺派得度式考』を参照して簡単に述べておきます。明治時代までは本山本願寺で得度式をする、また、自分のお寺で行うという二つのスタイルがありました。明治時代までは、本山本願寺で得度式をしていたのは歴代宗主と一家衆、有力寺院の子弟だけでした。全国寺院子弟は病身・遠隔地などを理由に書いた手紙を提出して、本山本願寺から許可をえて自分の寺で得度式をしていたようです。この得度を自得度《じとくど》とか自剃刀《じかみそり》と称します。ところが、明治時代から真宗各派は大きく変わりました。得度式は宗主の専権事項と定められたのです。よって得度式は宗主の許可が必要ですから、必ず本山本願寺で受けなければならないようになってきたのです。それで自得度は廃止になりました。浄土真宗本願寺派で公認僧侶は男性だけだったのですが、昭和六年九月十六日に有髪のままでの女性僧侶が初めて許可されています。非僧非俗の宗風から当然のことなのですが、女性の得度は当時としては青天の霹靂ともいえるほどのできごとだったようです。

得度にふれている本願寺の古い記録は『本願寺作法之次第』です。稲葉昌丸編の『蓮如上人行実』のなかに所収されているものから少しみてみましょう。『本願寺作法之次第』（九十二）に、

一家衆の子ども徳度之時御礼之儀、同時過分の儀不可然との儀也。是も被定て大納言殿の御手にてあそばし被出候。各所持候き、我等も持申候き。御明四匹、御住持様百疋、御堂衆五十疋。頭の剃人何ぞつかはし候き。武者小路殿　五十疋　大納言　五十疋　丹後法眼卅疋　左衛門大夫　廿疋。是は左衛門大夫へは、無用之　由被仰候

間、強而申入候へども、努無益と堅被仰候き。両條共に永正十年也。と記しています。この記事から一定の得度式の形式が当時にはできていたことが知られます。永正十年は実如宗主の時代です。得度式にかかわる冥加金を一定にしていることだけでなく、剃髪を見守る役人があったのは興味深い記事です。今と同じように宗主の前で得度式をしているのに注目されます。また、『同書』(九十三)に、

一家衆子皆々ちごにて上洛し、徳度候時は、児の時は申に及ばず。出家し御堂にて勤にも、祝の御盃被下候時も、其日一日は父の上に座に付候て侍し。これは古よりの事候。今もか様に御入候や。徳度御礼も昔は分限まかせに過分に申され候つる。これは実如上人御時円如など御申の事候て、略せられ小分に成候つる。近年はか様の事も破てかはり候。

とも記事しています。

帰敬式

長い間に御剃刀《おかみそり》という言葉が使われていましたが、明治十七年にこの言葉が廃止になりました。しかし、今日でも御剃刀の名前は聞くことがあります。それは長いあいだに親しまれてきた言葉だからでしょうか。

明治十七年から御剃刀は帰敬式《ききょうしき》と名称が変更になって今日にいたっています。法名がどのように授与されていたのか調べましたが、蓮如宗主以前の資料からは見つけられませんでした。おそらく蓮如宗主以後にこの儀式が行われるようになったのでしょうか。『本願寺作法之次第』（九十四）に、波佐谷蓮綱山田蓮誓若松蓮淳三人は、自門徒の事は不及申候。他門徒直参の人にても候へ。俄事などに入候事候へば、法名を出し可申由、蓮如上人の仰にて出し被申事、存知候。実如上人へ拙者も伺申て、俄に人の所望候事候問、出し可申歟、と申入候へば、三人と同前に出し申候へ、と被仰候間、出申候事候。

と記しています。蓮如宗主が蓮綱、蓮誓、蓮淳の三人の子息に緊急の場合に限って、門徒から請われれば法名を授与する許可をしていたことを伝えています。それでは本山本願寺で最初に御剃刀を受けたのは誰だったのでしょうか。少し興味があったので調べてみました。どうやら『紫《し》雲殿由縁起《うんでんゆえんぎ》』の記事がもっとも古いようです。そこに「文明十六年二月十五日、法印室蓮師御剃刀頂戴し、号慈休院法号蓮周と給。則十六日より山科多屋に訪印同住し云々」と記しています。この法印は金宝寺の教俊明蓮のことです。蓮如宗主から御剃刀をうけて蓮周の法名をいただいた坊守は、慈休院蓮周と名のったことを伝えています。また、山科本寺のなかの多屋（寺）に明蓮とともに暮らしながら、蓮如宗主に仕えていたことが伝えられています。また『同書』に、

明俊坊守御頼申六字の尊号に歌二首染筆。其日御剃刀を願にて戴き申。慈敬院蓮榮と給。御剃髪の時に名乗せ玉へとて、法号院号に歌二首染筆有て給ふ。

とも記事しています。明俊は先の明蓮の子供です。蓮如宗主が八十四歳のときの明応七年五月七日に上洛されて、九日に金宝寺に立ち寄りました。この時に蓮如宗主は体調をくずして十八日まで滞在されたことがありました。この時の滞在の様子を伝えているのです。明俊が六字名号の染筆と御剃刀を願って、院号と法名をいただいたのですが、院号と法名

は後日に剃髪した時に名のるべきだと言われたことが記されています。このように有髪のままで御剃刀をして法名をただいた儀式の記録があるのですが、御剃刀の儀式はまだ一般化しておりませでした。先の蓮周の御剃刀は坊守式のはじめともいえるものですが、在家の御剃刀ではありません。在家の御剃刀の記録がみえるのは顕如宗主の時代になってからです。『紫雲殿由縁起』に、

天満記二云、天正十五年閏八月中旬御遷座あり。一宇の造営首尾成就す。誠に少進の働き金宝寺忠実より家頼大内源之進母群抜の忠功たり。謝礼の為に源之進母顕如上人御剃刀頂戴、観忠院明祐と給う。

と『天満記《てんまき》』を引用して、天満御坊の建立に尽瘁した大内源之進の母にたいして、顕如宗主がその感謝に御剃刀の儀式をして、大内源之進の母に院号と法名を授与したことを伝えています。顕如宗主の時代までは御

剃刀頂戴ということは稀なことであったみたいです。今日の帰敬式のように一般化はしていなかったようです。しかしながら、これらの記述があることから坊守式の起源は蓮如宗主の時代に、門徒の帰敬式の起源は顕如宗主の時代にさかのぼると考えていいと思います。

なお、本山本願寺の御影堂で御剃刀が行わるようになったのは准如宗主の時代からです。『西光寺古記』によると、准如宗主のころから在家の御剃刀授与が多くなってきたのがわかります。『西光寺古記』に「御戸開閉記」という項目があります。そこに、「寛永四丁卯正月廿日光善准勝」と前書きがあり、続いて、

一御一家衆得度候時は三方にひらく、是は勤有之故なり。同日在家衆御剃髪申候時は面一方斗ひらく。

と記しています。寛永四年は准如宗主の時代です。この頃は僧侶の得度

と区別して、在家信者の御剃刀の授与がされていたことがわかります。『大谷本願寺通紀』の寂如宗主伝の京保五年に「十月行尾崎別院、度者六百二十八人」とあり、随分とたくさんの在家信者が御剃刀をうけていたことがわかります。『同書』の元禄六年に本山において願人があれば御剃刀を行っていることを記しています。第十七代法如宗主の時代になると団体に御剃刀を授与しています。また、時には法要中に御剃刀を授与して、その普及をはかっているのがみえます。平日でも願人があればその都度に法名を授与しています。今日に行われている帰敬式近い形式をなしていた時代であったのでしょう。

東西本願寺の分立

ご承知のように、東本願寺と西本願寺が最初から別々に存在していたわけではありません。本山本願寺の原点は宗祖の末娘覚信尼が建立した墓所・大谷廟堂にあります。この廟堂は覚恵（親鸞の孫）から覚如宗主へと継承され、覚如宗主が寺院化しました。時は流れ第十一代顕如宗主の時代になり、豊臣秀吉の宗教政策によって、本山本願寺の寺基を京都の現在地に移しました。本山本願寺は顕如宗主の死去のあと、三男の准如宗主が諸事情があるなか第十二代を継ぎました。それから徳川家康が天下統一した後に、伏見城で教如宗主と会見をしました。徳川家康は教如宗主に寺地の提供をするから、本願寺から独立するように勧めたといいます。（余分ですが、のちに三代将軍家光は寛永十八年六月二十日に朱印状を発して、東本願寺の東に一九四間二尺、南北二九七間五尺の広大な土地を寄進しています）徳川家康の申し出に教如宗主の心がかたまり、慶長七年（一六〇二）に裏方の寓居をでて復職（教如宗主は准如宗主が本願寺を継職するまで、しばらく本山本願寺の住職をしていました）して独立宣言をしたのです。翌年の慶長八年十月に阿弥陀堂が完成し、慶長九年九月に御影堂が完成しました。そこで厩橋《うまやばし》（現在の前橋市）の妙安寺に安置していた親鸞自彫と伝承されている御真影様を、江戸幕府の尽力で京都に迎えて御影堂に安置しました。ここからが東本願寺の歴史のはじまりです。東本願寺の独立によって、本山本願寺は西の位置にあるので通称で西本願寺といわれだしました。東西本願寺の宗主は本願寺第十一代顕如宗主の子息ですから兄弟です。

しかし、二つの本願寺の存在を容易に認知できないような状況があったので、教如宗主は本願寺の裏方・信門《しんもん》・信浄院・隠居とよばれながら、新しい本願寺の育成に生涯を尽くしていました。教如宗主のあとをついだ宣如宗主の時代になると、得度などの諸問題がでてきました。そこで幕府といろいろと折衝した末に、七条東宗主・七条東門跡の地位名称を名のる許可を得ました。東本願寺が独立した一派として、実質的に扱われるようになったのは宣如宗主の時代からだといえます。なお、准如宗主の元和三年（一六一七）、本山本願寺の両御堂の焼失という不測の事態がおきました。阿弥陀堂は翌年に再建されたのですが、御影堂の再建は次代の良如宗主の時代まで待たねば成りません。焼失後に再建されたのが現在の御影堂です。この両御堂の復興には聚楽第、伏見桃山城の遺構が移されて唐門《からもん》、書院、能舞台などを整えたと伝えられています。

本願寺の東西分派の原因は古くから諸説あるのですが、分派の原因をひとつの理由だけにまとめることができません。新井白石が『高野山事略』に、「徳川家康が一向一揆の勢力におそれて本願寺を分立させて勢力を弱体化しようとした政策」だといっています。この説が長く支持されてきましたが、今日の歴史家はこの説に疑問をもつ人が多くなってきているようです。疑問視する理由を整理してみると、次の三点になると思います。

(1) 豊臣秀吉の刀狩、検地、一国一城令の施策の兵農政策が定着化しつつあった時代に一向一揆が再燃する可能性がないという点。

(2) たとえ一向一揆の再燃を憂慮したとしても、本願寺だけを二分することでどれだけの防止ができたかという点。

(3) 本願寺以外に高野山や伊勢神宮などの寺社に分立政策をしているが、

これが反対勢力の解消策であったとは考えにくいという点。江戸幕府が介入した寺社は内紛をかかえており、この理由から幕府が介入してきたのは内紛の抑止策だったのではないかとも読み取れます。紛争していた高野山は学侶と行人のあいだで寺領の支配権をめぐって抗争していました。また、伊勢神宮は内宮と外宮の神官たちが社領支配と地方檀那場の所有権の争いがたえない状況でした。幕府はこれらの内紛をおさえるために寺社に介入したのですが、これが分立という事態をうむことになったといえるのでないだろうかと推測されます。

それじゃ、東西本願寺が分立する内部事情は何だったのでしょうか。その火種は石山戦争の和解と退出をめぐる顕如と教如の父子の意見の相違にあると歴史家は指摘をしています。天正八年（一五八〇）三月に勅命講和というかたちで、石山戦争の和解が成立しました。そこで顕如宗主は四月上旬に紀州の雑賀《さいが》に移転したのですが、子息の教如はこの和睦に反対して雑賀衆《さいがしゅう》に徹底抗戦を促しました。この教如の強硬姿勢に雑賀衆、諸国門徒衆の多くが賛同しました。しかし、教如はいつまでも織田信長に抵抗できないと熟知していたので八月になると退出しています。この時点から和睦派の顕如宗主と交戦派の教如が分裂してきたといえます。本願寺の退出を巡って顕如宗主は教如を義絶しましたが、それはまもなく和解をしています。一度分裂した本願寺教団の不協和音はこれから長く引きずられて容易に解消しませんでした。文禄元年（一五九二）に顕如宗主がご往生し、長男の教如が本願寺を継職しました。それにともない、教如宗主は今までの本山本願寺の家臣をしりぞけて、教如宗主を支えていた抱様《かかえざま》といわれる家臣を多く採用して、新しい人事を着手しました。この体制に危惧をいだいた弟の准如と母の如春尼は教如宗主に退職をせまり、加えて豊臣秀吉の命令で、教如宗主から准如宗主へと宗主が交替しました。そこで教如宗主の抱様のすべてが排除されて、本山本願寺の体制が再び一転するというありさまでした。隠居を余儀なくされた教如宗主でしたが、三河、加賀、近江、摂津の多くの門徒や僧侶に支持されていたので、依然として活発な活動をしていました。支持している多くの僧俗に本尊の裏書、授与、消息の授与などを独自におこなっていました。本願寺内部の埋め尽くせない対立は、中央集権体制の基礎固めしている江戸幕府にとって好ましいことでありませんでした。幕府は内紛から社会動乱にむすびつく事態だけはおさえなければならないと思っていました。このような状況のもとで教如は徳川家康に急接近して、慶長七年に本山本願寺からの独立を宣言したのです。

御酒海

本山本願寺は年頭に修正会《しゅうしょうえ》をお勤めをしているのですが、修正会の前に御酒海《ごしゅかい》という儀式があるのを知っていますか。開門前の御影堂で行われている祖前献杯《そぜんけんぱい》の儀式ですが、とくに御酒海《ごしゅかい》といわれています。この儀式は本山本願寺独特の儀式です。血脈相承の玄旨を伝えるものといわれています。御酒海の起源は、存覚が七十一歳の時の夢想に促されて祖像を自刻して、その祖像に毎年の元旦に献杯されたことに由来しているといわれています。その後は中断していたようですが、第十二代准如宗主が慶長十八年の元旦に再興しました。そしてその儀式は脈々と今日までつづいているそうです。元旦の記録に「一、朝勤前、御門跡御開山へ御杯ノ御祝儀アリ」と記しています。御酒海の様子は上原芳太郎の『本願寺秘史』に詳述されています。これによると、宗主が祖前に献盃されてから、坊官と家臣とともに年頭を祝賀する行事であったみたいです。この儀式があまり知られていないのは、本山の行事というよりも、大谷家一門の新年の儀式のようなものだからであろうかと思われます。明治時代に家臣制度が廃止されました。家臣の離散に伴って御堂の役職が加わるようになってきたのです。

本山本願寺では鶏鳴《けいめい》をきく午前五時に御酒海の御壺開《おつぼひらき》の儀が行なわれます。これは献杯の酒を前夜に壺におさめておいたものを開いて、長柄の銚子に移す儀式です。御影堂に御酒、御盃などの準備がととのえば、紫衣に菊花御紋の袈裟を召された宗主が、内事部長が紙燭の明かりで先導して、祖壇で御壺開き扉のあとに内陣正面に進んで三宝の盃によって、祖前献盃の儀を行います。この時に侍するのは会行事《えぎょうじ》だけときまっているそうです。宗主は献盃の儀を終えてから御流盃の間に入られます。侍僧のすすめる祝膳で御流盃をいただかれ、つづいて宗務総長など各代表者が、正装で順次御流盃をいただいてこの儀式が終わります。御流盃をいただいた人たちは、それぞれに御真影様に参拝します。そして、ひきつづいて修正会法要が始まる段取りになっています。

修正会

元旦の朝、本山本願寺の阿弥陀堂で修行する法会を修正会といいます。これは本願寺がまだ存在していなかった、桓武天皇の延暦年間から宮中で行われていた御斎会《みさいえ》、御修法《みしほう》の法会に起源しているといわれます。実悟の『実悟記』や『天文日記』に、第八代蓮如宗主の山科本願寺、第十代証如宗主の石山本願寺のときに修正会が七日間勤まったことが記されています。よって本山本願寺で修正会が勤められだしたのがこの頃と想像していいと思います。この法要は明治時代になってから三日間になりました。第二十一代明如宗主は「修正大導師作法」をさだめて、故実に則り厳格に規定しています。この時の役配についても子細に注意をして、修正会に勤める三十二相の声明を、たびたびに稽古をするように伝えて、修正会の法要を厳粛に勤めたといわれます。修正会につづいて、御影堂で「大師影供作法」がお勤めになっています。そして歴代宗主の御影前宗主の焼香があり、ひきつづき祖師前にお供えがあって、元旦の法要がおわります。

御正忌報恩講

宗祖の祥月命日は旧暦十一月二十八日ですが、本山本願寺は明治時代から仏事を従来の旧暦から新暦にかえて執り行うようになりました。すなわち御正忌報恩講のお勤めは新暦一月十六日の祥月にあわせて、一月九日から十六日までの七日間に修行しています。この報恩講の始まりは、覚如宗主が二十五歳の永仁二年（一二九二）に勤めた宗祖の三十三回忌の法事です。

御正忌報恩講のはじまる前日の一月八日に例年行われている大御身《おおごしん》といわれている御身拭《おみぬぐ》いの儀式があります。大御身は宗主だけが行っている非公開の行事ですから、私たちには知り得ない儀式です。この行事に参加した人だけが知りうる儀式だといえます。大御身の詳細について、豊原大成の『心の風景』から知りました。知り得た要点を記しておきます。大御身は一月八日晨朝後に、九時から一時間ばかりかけて御真影の御身拭いが行われています。晨朝のお勤めが終わると、内陣の巻障子が閉じられます。御真影様を安置しているお厨子の戸帳、瓔珞、須弥壇の勾欄、金灯籠、大前卓、両余間の九字名号と十字名号が順次にとりのぞきます。そして、御真影様は輿《こし》に移され、十二人の僧侶によって、北余間の白屏風の中に運ばれていきます。宗務総長と総務は黒衣に小五条袈裟で、内陣の北側の回畳《まわりじょう》に着座して、儀式の始まるのを待ちます。そして、宗主が緋色離紋の道服の法衣に、白地金襴の五条袈裟で出座されます。まず、お厨子の正面で礼拝され、御真影様の数珠を旅用の小さなものとかけかえるそうです。総長ほか六名の人たちが下座で拝見しているなか、宗主は寛永三年(一六二六)の銘がはいった大釜で沸かしたお湯でぬらした白布を係からうけとり、御真影様を丁寧にお拭きになります。

御身拭される時に、御真影様の数珠が新しくつなぎ替えされるのも例年のことです。このお念珠のつなぎ替えは、年に一度大御身の時にすると定められており、お裏方様の役目となっています。このお念珠の房は白絹糸で御流蘇《ごりゅうそ》と言い伝えられています。この御流蘇の絹糸は古くから二十九日和讃講が御正忌に奉納してきました。この講は鷺ノ森の法難のときに顕如宗主につかえた家臣の子孫によって結ばれた講社で、二十九日は顕如宗主のお子様の准如宗主のご命日です。この講社は現在は絶えてありません。長い間信州須坂町の篤信の人が奉納していましたが、今はどうなのかわかりません。さて、すべてのことがおわり、御真影が輿にのり須弥壇のうえのお厨子に再び安置されるそうです。

さて、大御身の儀式がおわると、祖師前の荘厳が整えられます。そして、両余間には八幅の御絵伝が奉懸されます。『本願寺聖人親鸞伝絵』(『御伝鈔』)はもともと絵と詞が一巻ずつ四巻の巻物でした。『真宗故実伝来鈔』によれば、絵と詞を別々にしたのは存覚の時代だそうです。これは画期的なアイデアだと思います。はじめは永仁三年の「御絵伝」をもとにして、一幅、二幅、三幅などがあったようです。それが後に四幅《しふく》の御絵伝が完成して、現在は主として四幅の御絵伝が各寺院で奉懸されています。『真宗故実伝来鈔』によれば、四幅のご絵伝は蓮如宗主の時代からはじまると記していますが、現在は蓮如宗主の祖父・巧如宗主、父・存如宗主の時代にすでに四幅の御絵伝が存在していたことがわかっています。翌九日にはお供物をかざって、午後から初逮夜の法要が勤まります。本山本願寺でも長い間に四幅の御絵伝が奉懸されていましたが、宗祖の四百回大遠忌にあたり、第十三代良如宗主が画工の徳力善雪に依頼して、四幅の御絵伝を大きく描きました。その八幅の御絵伝を、御影堂の両余間に奉懸することになりました。

さて、御正忌報恩講のときにかぎっての儀式があります。これは二〇〇六年『宗報』三月号の「参拝志納部だより」掲載記事から知りました。そこに一般的に知り得ない興味深い記事がありました。それは毎年一月十五日の初夜のお勤めの後に、ひきつづいて行われている御点心之儀《ごてんしんのぎ》のことです。大逮夜は通夜をして祖徳をしのぶ夜とされることから、夜中に少しばかりの食事をとり、翌朝の晨朝のあとに改めてお斎をいただくので、御点心は少量の食事をとる目的から、丑《うし》の刻《こく》(午前二時)に行われていた行事です。しかし、いつのころからか現在に至って、御点心之儀は初夜勤行に引きつづき行われるようになってきました。

この御点心之儀はどのように行なわれているのでしょう。御点心の儀は鴻の間で行われ、電気照明は一切用いず、昔のままの大燭台《だいしょくだい》が配置されて、ロウソクの炎がゆらめく中で行われているそうです。色衣、五条袈裟、切袴を着けた法中と、紋付き、袴に式章姿の門徒（講中）が向かい合い、宗主が鴻の間正面に着座すると、一同一礼ののちに儀式がはじまります。宗主には侍僧《じそう》が、法中には絵表所《えひょうじょ》（本山法物調進所）の方々が、講中には開明社《かいめいしゃ》（本山御用達商組合）の方々が接待係としてついています。無言で列を整え、お膳をはこび、お汁をつぎ、茶菓をだします。動きは一糸みだれず厳粛な作法で行われるそうです。御点心之儀はおよそ一時間ほどでおわるのですが、夜食の行事であることから、お膳にはご飯はだされ、ただ蒸麺《そうめん》だけで、お汁と形ばかりの野菜が盛り付けられ、お菓子と抹茶がだされるそうです。あけて、一月十六日の朝のお斎之儀《ときのぎ》も御点心之儀と同様に古式に則り行われているそうです。お斎がすむと、鶏鳴之儀《けいめいのぎ》が行われます。鴻の間南の能舞台側の障子を開けて鶏鳴を告げる行事です。これは宗祖を偲んで通夜をし、夜をあかしたことを今に伝えているのだそうです。お斎がすむと法中は膝行《しっこう》して退出し、法中が退出すると講中が披露人を通じて目録を進呈し、そのあとに宗主が退出されている行事だそうです。『法流故実条々秘録』（二の二十五）に、

報恩講御当日、又は御年忌結願朝勤には必々御本寺にては点心ある也、曹渓《そうけい》麩をむしりにたるを云、蒸麦《むしむぎ》杉のこしき五重づつ、大方之時如此、御開山三百五十年忌御結願には三点心なり、蒸麦・饅頭・羹《かん》是を三点心と云也。式賞之時は如此也、惣じて他家にも法事には大略点心あり、知恩院之毎年之御忌にはぜんざい餅などあるとみへたり、点心に餅

などは無事也歟、本国寺などの千部の法事には昼経之前に饅頭也、惣じて斉之前、朝あるを点心と云替候、

と記し、続いて『同書』（二の二十六）に、

御本寺御斎・御非時の膳上ヶ申時、二の膳にある菜《さい》共を本膳へ取移し、二の膳を本膳の上に置て上候事、当御家計に限るに非ず候、惣じて壱人之御前にては加様に仕候儀、小笠原家之仕付方にも被書載《のせ》候也。先年従武家方申御斎に、其使之侍御相伴に被出候、右之作法嘲り笑し事有、被仁御前之作法仕付方不案内故也、野人可恐之云々、

と斉と非時の膳について記しています。

その他に報恩講のみにみられるものとして御転座《ごてんざ》があります。蓮如宗主の命日が十四日なのですが、御正忌報恩講の最中の十四日は特別なことが行われています。御影堂の南の脇壇の御双幅（歴代宗主の御影）をは

ずして、蓮如宗主の御影を奉懸するのです。そこでこのお晨朝だけは宗主が左（南）に座を転じて出座されます。登礼盤の作法はいつもと違って反対側の北側に着座して、北側から退出されています。御正忌報恩講には、顕如宗主の命日の十一月二十四日に御転座がありました。ところが明如宗主の時代から旧暦から新暦で御正忌報恩講を勤めるようになりました。そこで旧例に従って、蓮如宗主の命日に御転座が行われるようになったそうです。

また、御正忌報恩講に行なわれている改悔批判《がいげひはん》を知っていますか。御正忌報恩講の毎初夜勤行にひきつづいて行われるのが改悔批判です。御正忌報恩講中日の一月十三日の初夜だけは『御伝鈔』の拝読がされています。改悔批判は御真影の前で改悔して自分自身の領解《りょうげ》を述べる人にたいして、可否の批判をすることです。現在はこの改悔批判をつとめる人は、勧学職の人に与奪《よだつ》（宗主に命ぜられることを特にこのように言うのが通例だそうです）され、与奪の内命をうけた人は草稿を宗主に提出し、認許を得てつとめられることになっているそうです。改悔批判の名称は、寂如宗主、法如宗主の頃から使われるようになっています。それ以前は改悔讃嘆とか法談などとよばれていました。この原形は山科本願寺時代にさかのぼれそうです。実悟は『本願寺作法次第』（五十八条）に、

第一坊主衆改悔候て、次に其外の人一人づつ前へ出られ、坊主衆の中をわけられをかれて前にすすみ、諸人改悔候間、一人づつの覚悟申され、聴聞候に殊勝候し。縁などよりて申候は不可然候。一大事の後生の一儀を縁の端などより被申候は不可然とて、一人宛、前へでて改悔名をなのり高らかに被申候て、一人々々の覚悟も聞え殊勝に候き。

と言っています。蓮如宗主の時代には、一人ひとりが日ごろの領解を申していたようです。ところが、だんだんと人数がふえて、一度に多くの人々が述べるものですから、聞き取りができなくなりました。そこで、第十七代法如宗主のころから、「領解文《りょうげもん》」を拝読して一様に述べるようになったといわれます。禿氏祐祥が「領解文」(「領解文成立考」『蓮如上人研究』所収)を考究しているので、それから成立を知ることができます。領解文の内容と文体は、蓮如宗主の「御文章」に多くみられるのですが、後に法如宗主の時代に成立していることがわかります。ともあれ、法如宗主の時代の天明年間に「領解文」が開版されました。それ以来一般寺院、門徒に広く流布したのです。玄智の『祖門旧事記』に記されているのですが、改悔批判の作法は法如宗主の時代にできた形式であるようです。それを現在も受け継いでいると聞いています。

まだまだ興味あることが御正忌報恩講に行なわれています。御正忌報恩講の仏華についてです。一月九日から十二日日中まで巻真《まきしん》（本願寺の仏華の松真には傘真《かさしん》、捌真《さばきしん》、巻真の三があります）の松、菊、南天、五葉松なのですが、仏華そのものが十二日逮夜法要から変ってくるのです。十二日の逮夜から十六日の御満座まで梅真《ばいしん》、笹、水仙、椿に変ってきます。こんなことご存知でしたか。古い記録を読んでいると、この仏華の入れかえ期日などにも変遷があるみたいですが、今日の御正忌の仏華はこのようになっています。どうして梅真が使われるようになったか明確に記している文献を見たことがありません。江戸時代にすでに松真から梅真に使われていたことを、『考信録』巻に書いています。「定かでないが、親鸞の生涯を描いている御絵伝に準拠しているのだろう」と、ある和上からうかがったことがあります。「御絵伝」をみてみると、なるほど宗祖ご往生の図にふくいくとした白梅が描かれており、大谷廟堂建立の図の左右には白梅と紅梅が美しく描かれています。宗祖のご往生と大谷廟堂造営のところだけに梅が描かれています。御正忌報恩講のクライマックスのご法要に「御絵伝」に描かれている梅を真《しん》にするという先人のお敬い心が伝わってくるようです。梅真については上原芳太郎の『蓮位と頼恭』に詳しく悦明しています。

なお祖師前のお供物に紅梅糖（原料がもち米で紅梅の形の菓子で、それをいくつも盛り上げている）をお供えしますが、これも「御絵伝」の紅梅に関っているものなのでしょうか。

最後に「おさらえの御座」ってご存知ですか。御正忌報恩講は一月十六日の日中法要が御満座です。翌日の十七日の晨朝は、古くから「おさらえの御座」と言われています。お荘厳は法要がおわったその日のうちに片づけるのが通例なのですが、御正忌報恩講ご満座の翌日は特別にそのままにしています。これは御正忌報恩講にお参りできなかった人のためだと言われています。この晨朝に拝読されていた「御文章」が「おさらえの章」だったので、「おさらえの御座」と言われだしたそうです。現在は「信心獲得の章」が拝読されるようになっています。

斉・非時・点心

釈尊の食事は正午であったので、正食時でない午後の斉《とき》を非時《ひじ》といっています。また、斉《とき》の前の朝にあるのを点心といい、斉がすんだ昼にあるのを饅羹《まんかん》といっていたそうですが、いつの間にか朝・昼ともに点心といいかえるようになったといわれています。『法流故実条々秘録』（二の十二）に、

御本寺報恩講中、御斎・御非時、御日中過、御逮夜過に成候は、准如上人御代慶長十三年己酉以来也。前代より此時迄は、御斎過て御日中始り、御非時過て御逮夜御座候、予慶長十三年八月に得度仕、其年迄

御斎非時先也御日中前には御斎之こしらへ、台所方出来兼候て時分過候付、（准如上人御代に）二・三年之間、或時は御斎過御日中又は御日中過御斎色々に被成御覧候由候、（我等得度以前也、人々語被申候、）御日中・御逮夜過御斎・非時御勝手能候付、爾来御斎・非時後に成申也、祐従常に被申候は、御一家衆・御堂衆等之出仕のは御斎・非時後に成候儀、一段勝手能候、御法事諸人之参詣には、御逮夜よりすぐに初夜に詰め、御堂のにぎわい御門弟等之恭敬渇仰、前々御作法尤難有候由被申候、

とお斎と非時について、「法要時間にあわせて用意していくと厨房の使い勝手がよく、また参詣人が増えて御堂が賑やかになった」と斉と非時を出すタイミングについて記しています。

さて、今の本山本願寺に食事に関する斉《とき》・非時《ひじ》・点心《てんしん》という特別な言

い方が今まで伝承されています。法事のあとの食事を御斉《おとき》といいますが、まさにこの言い方です。今では午前中の食事を斉といい、正午をすぎた午後の食事を非時と言っています。点心は夜食をさしていますが、御点心の儀が行われるときに言っています。この斉や非時が御正忌報恩講にだされるようになったのは、おそらく蓮如宗主の頃だろうといわれています。このことが『空善記』とか『実悟記』などに記されています。なお、点心の内容について興味のある方は、『本願寺風物詩』『本願寺派勤式の源流』などを読んでください。メニューを詳しく紹介しています。

坂東節

東本願寺では御正忌報恩講は旧暦に倣い、十一月二十一日から二十八日までお勤めです。その御満座の十一月二十八日の日中には勇壮な坂東《ばんどう》節《ぶし》の念仏が聞けます。が、私たちの本山本願寺ではこの坂東節を聞く機会がありません。東本願寺の坂東節がどのように行われているか、少し説明しておきます。御満座の導師は門首（西は門主と書く）で、「報恩講式」が拝読されます。その各段の拝読がおわるごとに、内陣の上座第一席の人が首を振り体を前後左右に揺り動かして曲調正しく念仏を発音します。それからその同音から内陣と外陣の諸僧が一糸乱れずに、一斉に同じく首を振り体を揺り動かして曲節をそろえて唱和します。その念仏の節が独特なものです。坂東節といわれ、また式の間にとなえられるので式間念仏《しきあいねんぶつ》ともいわれています。

坂東節の由来には諸説があります。一つには蓮如宗主が越前・吉崎を退去して、若狭小浜へ船で渡るとき報恩講を勤めました。その時に風波が荒く船が揺れたので体を揺らしながらお勤めしたと伝えられています。板東節はその時に勤めたお念仏だと伝えられている説です。ところが、『真宗帯佩記』は『改邪鈔《がいじゃしょう》』を引用してこの説を否定しています。そして、坂東節の念仏はおそらくは覚如宗主の頃からあったものだろうと推測をだしています。いずれにしても坂東節というからには、坂東《ばんどう》（今の関東を昔は坂東といっていました）に関係があるように推測できます。よって蓮如宗主より以前から板東節の念仏があったと理解したほうが、スッキリしてくるのですが。坂東節は現在は東本願寺のみに伝えられていますが、本山本願寺でも寂如宗主の時代までは勤めていたという記録があります。准如宗主の時代の御正忌報恩講に坂東節が勤められています。また宗祖の三百五十回大遠忌（慶長十六年）と四百回大遠忌（寛文元年）の御満座に、坂東節の念仏が勤めたと記録されています。『大谷本願寺通紀』巻三に、寂如宗主が元禄二年の御正忌報恩講から坂東節を廃止して、八句念仏に改めたことを伝えています。寂如宗主は本願寺の法式を改革された宗主で、式間念仏《しきあいねんぶつ》の坂東節につづいて唱える式間和讃《しきあいわさん》の譜を現行の譜に改めています。

鶴亀のローソク台

亀の台に鶴が立っている形のローソク立てがあります。『考信録』巻一に、

燭台、もとは世間の鶴亀の調度にて。室町家の時まで。祝言の床かざりに用ひし事。池の坊の大巻にみゆとかや。何の此よりか。仏前に供養せし例となり。今は仏具にかぎれるやうになり。

と言っています。これから推測できることは、室町時代において床の間がつくられるようになり、その床の間の飾りとして用いていたようであります。それが三具足とか五具足という荘厳の形になり、室町時代以後

に現在のように発展してきたものだといわれます。『真宗故実伝来鈔』に、三具足は全く法具にあらず、その体千年万年を祝て鶴亀をもて蠟燭台とし、香炉に獅子を乗ず、これを見るときは甚だ祝の具也、慈照院義持公、床書院のかざりを定めたまふについて、三具足、五具足又は七荘《ななかざり》等の式を定む、当時、仏前荘厳是にもとづくとみへたり、と記されています。古い絵巻物に描かれている三具足はロウソク立が中央にあり、香炉は今と反対の位置においています、今のように三具足の形式は、室町時代以後にはじまっていると識者はいいます。仏花が今のようになったのは室町時代の華道の影響をうけているからだといわれます。本願寺で三具足の荘厳形式がはじまったのは蓮如宗主以後で、『実悟記』には山科本願寺の内陣荘厳について記しているところがあります。その中で三具足については何度も記されています。

現在ではこの鶴亀のロウソク立は、東本願寺はじめ各本山で広く用いられていますが、本山本願寺ではそれを見るのは稀れです。本山本願寺にお参りすると、どこにも鶴亀のロウソク立を見ることができません。それじゃ、本山本願寺ではまったく鶴亀のローソク台を使用しないのかというと、そうではないのです。年に二度だけみることができます。正月とお盆に歴代宗主の御影が御影堂の両余間に奉懸されます。その時の余間の壇にはじかに三具足を飾り、ここに鶴亀の燭台を用いているそうです。

続　香

御影堂の御真影様の左脇壇に奉懸されている歴代宗主の御影を御双幅《ごそうふく》の御影と言いならわしています。第二代如信宗主（親鸞の孫）から二十二代の鏡如宗主までの、歴代宗主の連座の御影を二幅におさめているからです。宗主を退任した前門がご往生されるたびに、右脇壇の前門の御双幅にお入りになられるので、そのたびに御影は描きかえられています。このように常時に歴代宗主の双福が奉懸されだしたのは実如宗主の時代に始まり、二幅になったのは証如宗主がご往生されてからだそうです。実悟の『本願寺作法之次第』（四十六）に、代々御影を二幅にさせられ候事、証如前住御往生已後、祐誓慶寿院殿させられたる事候、前には一幅に七代の御影御入候き、八代に御成候間とて、二幅にさせられたる御事にて候歟、他流などには七代の外、別に書事候由申、但如何事候哉。

と歴代宗主の御影が二幅になったことを記しています。続いて『同書』(四十八)に、

代々の御影二幅に成申候事は、証如御往生候てより慶寿院殿鎮水の御料簡候、前は一幅に六代御入候つる事候、其後、二代御影のせ被申て、八代御入候事にて候、天文廿三年以来事候、

と記しています。歴代宗主の命日の法要には、この御双幅を巻きおさめて、忌日正当の宗主の御影のみを奉懸してお勤めが厳修されています。

毎月の命日にはお晨朝に当直の会役者《えやくしゃ》が双幅の御影の前で焼香していま

す。ほとんど毎日のようにされているそうです。これを続香《ぞくこう》といいます。『祖門旧事記』によれば、この続香は法如宗主時代の明和二年から始められたと伝えています。これは阿弥陀堂の両脇壇に奉懸されている六高僧の龍樹、天親、曇鸞、道綽、善導の毎月の命日に、同じくこの続香が行われています。

なお余分なことかもしれませんが、『本願寺作法之次第』(七十四)に、代々の御前灯明は実如の御代までは御命日にはかり四日・十九日・(廿日)・廿九日・廿四日・十四日・十八日斗ともされ候つる。証如の御時より不断ともされ候。是は尤の御事と存候。末香も同前候歟。と記されてあり、代々宗主の灯明が証如宗主の時代から不断に点燭《てんしょく》されていることが知られます。

御仏飯

釈尊の日常を記録している『僧祇律《そうぎりつ》』という本があります。そこに、「如来一食を以ての故に身体軽くして便ち安楽住を得」と、釈尊は一日一食（昼食）であったことが伝えられています。私たちが御仏飯を供えて、正午までにさげるのは、釈尊の生活様式を倣っているからです。宇井伯寿の『道安の研究』によると、御仏飯は中国後晋の時代の道安が初めて提唱したみたいです。他宗は御膳といっていろいろなものをお供えしますが、本山本願寺ではご飯だけをお供えしているのが特徴です。仏前に御仏飯を供えることを上供《じょうぐ》とか供飯《ぐはん》といいます。おさげすることを下供《げぐ》といいます。本山本願寺の御仏飯は明治時代ころまではお晨朝のお勤めの後にお供えしていたそうです。今はお晨朝のお勤め直前に、宗主あるいは侍真《じしん》（御真影様の御鎰《おかぎ》をあづかる役職）がお供えします。お供えしている御仏飯は午前九時ころにおさげしているそうです。宗祖への御仏飯は特別に御影供《ごえいぐ》といいます。

ときおりに質問されるのですが、「どうして、御仏飯を二個お供えするのですか」と。そのことについて、勤式指導所で学んでいたころのノートをみると、「仏前の上卓が四具足なので、中央にロウソク立と火舎が置かれてあり、その両方に供えるから二個になる。二個でなければならぬわけではない」と教えてもらっています。それはそれで正解なのでしょうが、私は布教現場でそのように伝えると味気ないものになると思っています。そこである和上がよく法話のなかで話されていた御仏飯の話を、私も次のように伝えています。ご本尊に供える御仏飯の一つは慈《じ》父《ふ》の釈尊に、もう一つは慈母《じも》の阿弥陀如来にお供えしていると。宗祖は釈尊を慈父と敬い、釈迦は阿弥陀如来へと発遣《はっけん》して、阿弥陀如来を信じよと、阿弥陀如来の方に追いやっていると説いています。また慈母の阿弥陀如来は誰をも招喚《しょうかん》していて、私たちにいつも救いのはたらきをしている。そうですから、お姿はありませんが、阿弥陀如来のお慈悲を説いた教主の釈尊を敬い、釈尊が伝える救主の阿弥陀如来の救いに感謝して、二つの御仏飯を供えていると伝えています。これは許される範囲の伝え方ではないかと思っています。少しでも宗祖の御意に近づけるように、布教現場でこのように応用したらと思っているからです。

さて、どうして御仏飯をお供えするのでしょうか。『考信録』巻一に、一は本尊に奉って報謝の意より供養をなす。二は無縁に施す。三は自己の食事をなすにあたり、所謂お初穂《はつほ》を奉るの意ならぬ。これ密行の作法なれども理準すべし。当流には仏飯を供えることは報徳の義は勿論なり。

と、御仏飯を毎日供える三つの理由を述べています。また、明伝は『百《ひゃく》通切紙《つうきりかみ》』（浄土顕要鈔）の中で、

御鉢《おはち》を供え奉るは、われらの命は飯食の恩なり。この飯食の恩にて命ながらへて、めでたき仏法聞くなり。然れば行者の不死の薬の飯食なれば、わが重んずるところの飯食を如来にさしあぐるなり。

と、お米を食することによって自分の命がながらえており、命がながらえているおかげで尊い仏法を聞くことができる。このような意味あいをもつ御仏飯をお供えしている意義です。私はこの明伝の説を大事にして布教の現場で使います。御仏飯の形について少しふれておきましょう。

形は二通りの盛り方があります。一に蓮莟形《れんがんがた》という形であり、二に蓮実《れんじつ》形《がた》という形です。蓮莟形は本願寺や専修寺が毎日お供えしている形です。蓮の花のつぼみのような円錐形に盛りあげている御仏飯の形です。下に張り上のほうが丸くすぼんだ形なので別名捏《つくね》仏供《ぶつぐ》といわれています。蓮実形は円筒形になって、蓮の実に模した形です。蓮の実は下よりも上の方が大きくなっていますので、竹筒の形のものに御仏飯をいれて押し出して、仏器におさめるのが普通です。別名突き仏供といわれています。これは東本願寺が毎日お供えしている形です。

ところで若い頃から疑問に思っていたのですが、本山本願寺の御仏飯の量はどのくらいなのでしょうか。本山の式務部(香房《こうぼう》)に伺ったところ丁寧に教えてもらいました。それによると御真影様には二升の御仏飯が、晨朝お勤め直前に宗主がお供えしています。両御堂でおよそ四升三合の御仏飯が毎日お供えになっているそうです。現在はこれらの御仏飯を午前九時ころにおさげしているそうです。ついでに修正会にお供えする鏡餅の量はどのくらいか興味があったのでお尋ねしました。それは祖師前に一石（一枚一斗のものを十枚で五重一対）、仏前が五斗（一枚五升を十枚で五重一対）、七高僧、聖徳太子、宗主前（一枚二升五合を二十五で各一ずつ）というから驚愕です。それ以外に大谷本廟の鏡餅をあわすと二石五斗から二石六斗（二石が百五十kg、一斗が十五kgなので、二石五斗で三七五kg、二石六斗で三九〇kg）という量になってくるのですが、その量の多さに気が遠くなりました。

枝散華

枝散華《えださんげ》という言葉を聞いたことがありますか。私は島根県の浄善寺の報恩講のご縁の時でした。法中全員が華葩《けは》でなく、黄金色の銀杏の小枝を手でもって、内陣を行道をしながら勤行している姿に、わが宗派にもこんな優雅なお勤めがあるのかと感動したことがありました。無知な私は枝散華という言葉を聞いたこともなく、どのようなものかすら見たことがありませんでした。そこで調べてみました。大和の多武峰（談山《たんざん》という）に藤原鎌足の廟墓があります。明治維新まで天台宗の一般寺院として隆盛をきわめていましたが、維新のあとは談山神社として存在しています。宗祖の俗姓が藤原氏と伝承されていることから、明治十五年に第二十一代明如宗主が藤原鎌足の祥月命日の十一月十七日に談山会《たんざんえ》と名づける法要を本願寺で初めて厳修してから、今日におよんでいるそうです。本山本願寺の行事でありながら無知な私でした。さて、談山会には枝散華の作法が用いられています。それは樒の小枝をもって、その葉を摘み取って散らしながら行道をして、阿弥陀経作法を厳修するものです。かつて宗主が慶事の式典に桜花を持って散華声明されたことが記録にありますので、四季おりおりの生花を散華して仏徳讃嘆しながら、法会を荘厳していることがあるのを知って、その優雅なお姿を想像したことです。

本願寺の釣鐘

ご本尊を安置している阿弥陀堂は本山本願寺の本堂です。本山本願寺の寺基が現在地に定ってから、准如宗主の元和三年（一六一七）に大火災がありました。両御堂を焼失したのですが、本願寺鐘楼はこの火災から免れた貴重なものです。この火災について『法流故実条々秘録』（二の六十二）に次のように記しています。

元和三年丁巳十二月廿日（御煤払への夜也）夜（亥刻より燃出）悉皆炎上也、其外御所中御内証方迄令焼失訖、相残候所は御堂西之門、阿弥陀堂之門 御影堂の門は焼候、御亭《ちん》・台所・同御門・御蔵三・四ケ所 此分

相残候也、夜半前に焼済候、(炎上の)其夜は川那部豊前家へ御真影奉御移候予など戸板にのせかき奉り候、翌日廿一日、興正寺殿御堂へ御真影御移あり、毎朝之御勤行あり、准如上人も同興正寺殿に御座被成、翌年正月年頭之御礼等被成御請候、二月之末歟、御堂御仮屋台所之東の方に南むきに、被立、御内証方等其北面にかりに被立被成御還住候き、仮御堂、台所の東にある間は、朝暮の参詣は台所門より出入也興正寺殿御堂に御真影御座候時は、御本尊の脇、北の方に常に等身之御影御掛候所に御座候、御所御仮屋之御堂之時も、御本尊は真中、東之方の脇に(御厨子の中に)御開山御座被成候也、

と、大火災の災難とそれ以後のことを伝えています。さて翌年には十二間の阿弥陀堂が再建されて、ご本尊が安置されたのですが、御影堂の再建は次代良如宗主まで待たねばなりませんでした。御真影様は御影堂が

完成するまで阿弥陀堂に安置されていたそうです。幸いにも聚楽第と伏見桃山城の遺構を得て体裁を整えることができました。そのおかげで安土桃山時代の文化が現在の本願寺に集約してきたといえます。この大火災で一つだけ難をのがれたのが釣鐘です。鐘楼の釣鐘は広隆寺の鐘であったそうです。『法流故実条々秘録』（二の六十二）に、次のように伝えています。

御本寺之鐘者、根本太秦《うづまさ》広隆寺の鐘也、

鐘銘

夫広隆寺者、上宮太子濫ニ觴之一、秦《はだ》川勝草ニ創之一、本朝之仏法爰《ニ》始《マル》、此《ノ》地之繁盛、被レ今、霊験奇異言語道断事在ニ前記一、不レ須《ス》ニ後説《ラク》一、於レ是、久安六年正月十九日、仁祠《ジンシ》忽《ニ》逢《フ》ニ回禄之殃《クサハヒニ》一、住侶空《シク》隔《タツ》ニ欒《ラン》巴《ハ》之術《ヲ》一、雖《ヘトモ》レ悲《キト》ニ霊寺之為《ルヲ》レ灰《ハイト》、唯感《ス》ニ験仏之免《ルヲ》レ煙《リヲ》、方《サニ》今、仏閣・

僧院・鐘楼・経蔵悉《〱ク》尋《ツギ》二基《キ》址《シヲ》一新《タニ》加二修複一故《ニ》鎔《イテ》二洪鐘《ヲ》一即作レ銘曰。
鳧《フ》代《シテイ》呈匠巧《ヲ》 鎔範《ヨウハン》既《ニ》成《ル》 朱火吐《ハキ》レ焔《ホノホヲ》 鎔《イル》《イカタ》赤銅錬《ネル》レ精《ヲ》 雄竜《イウリョウ》挙《アケ》レ首《ヲ》
鯨魚発《ハッス》レ声《ヲ》 秋風夕《ヘニ》報《クヒ》 扣《タヽヒテ》レ霜秋鳴《ル》 聞《ヘ》二有頂《ノ》上《ニ》一 達《ス》二無間《ノ》城《ニ》一 菩
提暁《キニ》至《リテ》 妄想眠《リ》驚《ロク》 速《ニ》待《テ》二三下《ヲ》一 利二益《ス》四生《ヲ》一 宜成法器 乾推《カンスイ》操《アヤトナル》レ
名《ヲ》（此銘文字鋳付也、地より文字は高し、それ故すゝり消候、銘の外はひしと
梵字也、それも磨滅多）

銘作者少納言入道信西云々

と記されているそうです。

六老僧

今では聞くことがありませんが、本山本願寺に六老僧《ろくろうそう》とよばれる方がいました。覚如宗主が本願寺を創建してから、本願寺の勤行が六老僧によってされてきたそうです。本願寺の勤行は今のように「正信偈」でなく、蓮如宗主が吉崎にいくまでは、善導大師の『往生礼讃』（『六時礼讃』）でした。『本願寺作法之次第』（一五八）に、

当流の朝暮の勤行、念仏に和讃六首加へて御申候事は近代の事にて候、昔も加様には御申ありつる事有けに候へ共、朝暮になく候つる、ときこえ申候、越中国瑞泉寺は、綽如上人の御建立にて、彼等にし

ばらく御座候つる、と申伝候、其後、住持なくて、御留守の御堂衆はかり三・四人侍りし也、文明の初比《はじめころ》まで朝暮の勤行には六時礼讃を申て侍りし也、然に蓮如上人、越前之吉崎へ御下向候では、念仏に六首御沙汰候しを承候てより以来、六時礼讃をばやめ、当時の六首和讃を致稽古、（瑞泉寺の）御堂衆も申侍し事也、然ば存如上人の御代より六首の和讃勤に成申たる事に候、実如上人の御時、四反かへしと申勤、いまの六反かへしより二返みじかくはかせ御入候つる、と申候、慶聞坊へ覚たる歟と御尋候て、末々御門徒衆には申させられ度、との仰にて候へ共、慶聞坊わすれ申たるとの御返事申されて、四返かへしの沙汰もなくて果申候き、

と、日常の勤行が『六時礼讃』から「正信偈」へ移行した時の苦労話を記しています。

さて、山科本願寺ができるまでは、六老僧や二十四輩の子孫が関東から上洛して、その都度に本山本願寺の勤行をしていたようです。『真宗故実伝来鈔』に、

二十四輩といふは、開山聖人御直弟の末孫也、御門弟各建立㆓寺坊㆒何れも関東なり、然に覚信尼公御本廟造営の宿願によりて、彼御門弟の遺跡各上洛す、而も共に造建御本廟、其時、上京之輩を二十四輩と号す、又追て上京の輩を六老僧と名く、(略)蓮如上人御代までは、二十四輩の人々かはる〳〵上洛なり、御本廟を守る、例年報恩講各上京し、之を修行せしむ、御堂出仕の時も、御本主横畳に、二十四輩は左右に列座す、

と、二十四輩について記しています。六老僧について『大谷遺跡録』に、宗祖に常随していた門弟の明光、了源、源海、源誓、専海、了海の六人

だと記しています。『真宗故実伝来鈔』には大谷本願寺の創建以来、本願寺はこの六老僧、またその子孫によって日々の勤行が行われていたことを伝えています。そして、報恩講など本願寺の法要には、関東二十四輩の子孫が上洛して、宗主とともに仏事が勤修されていたようです。

蓮如宗主の時代に山科本願寺は寺基が整い、御堂の勤行にたずさわる御堂衆《みどうしゅう》という部署が初めて設置されました。この御堂衆が関東から上洛していた二十四輩や六老僧に代わって、御堂の一切の勤行をするようになりました。蓮如宗主の門弟のなかで慶聞坊と法敬坊は有名ですが、彼らの所属は御堂衆でした。法要の時は宗主の親族が内陣に出仕し、御堂衆は外陣で出勤していましたが、毎朝の勤行には六老僧の遺風を伝える、六人の御堂衆がお勤めしていたことが、『実悟記』に書かれています。『大谷本願寺通紀』に、歴代宗主は必ず六老僧の遺風を継いで日々の勤行は必ず宗主の後堂衆を座さしめて、お勤めをしていると記しています。寂如宗主はこの御堂衆の名称を堂達《どうたつ》に改めました。明治時代になってから堂達は知堂《ちどう》または讃衆《さんしゅう》と改称されて今日におよんでいます。現在は六老僧を置く制度はありませんが、毎日の勤行には知堂、讃衆の人数を六人と規準としているのは、遠い昔の六老僧の遺風を伝えているものでしょうか。

関東二十四輩

宗祖の門弟の名前を記録している『親鸞門侶交名牒』に、洛中八名、関東三十一名、奥州七名、その他二名の合計四十八名の門弟の名前が連なっています。それに加えて、手紙などから『親鸞門侶交名牒』以外に門弟の名前を二十名ほど拾うことができます。これからおよそ七十人前後の人々が、宗祖の説いている教えに共鳴して、その布教活動に参加していたのがわかります。門弟の職業は武士・農民・商人などさまざまで幅広く支持されていたことがわかります。『実悟記』に、

本願寺の御住持は、親鸞の御修行の例として、御一代に一度関東奥

州に下向せしめ給う事なり。

と記していがますが、宗祖の遺弟は常陸、下総、下野、奥州と広域にわたっていました。そこで覚如宗主は宗祖の遺跡をたずねて、その足跡や伝承を拾いながら『御伝鈔』を改訂しながら、その人生に肉迫しています。歴代宗主は宗祖の旧跡を巡拝して遺徳を偲ぶ関東巡拝の習慣ができました。そのおかげで関東の門弟たちが御影堂に参拝するようになってきたようです。それと同時に宗祖の旧跡をたずねる関東《かんとう》二十四《にじゅうし》輩《はい》の寺々を巡拝する風習が培われるようになってきました。わが国で社寺や霊場を巡礼するようになったのは、室町時代の中期以後だといわれていますが、こういう風潮が関東二十四輩の寺々を巡拝するようになったのかもしれません。二十四輩の寺がどのような基準で選ばれたについては諸説あります。

(1) 貞永元年（一二三二）八月に、宗祖が直弟子を二十四人選んだ説。
(2) 覚如が正慶元年（一三三二）正月に、奥州大網で叔父の如信三十三回忌を勤めたときに選んだ説。
(3) 覚如が旧例に倣い、宗祖が親しかった二十四人の子孫を集めた説。

の三説ですが、室町時代の文献に現在の二十四輩の順番がでてくるようです。南北朝時代の『親鸞門侶交名牒』に門弟の名前と法系が記されていますが、これですべての門弟がわかるものではありません。『親鸞門侶交名牒』には二十四輩のなかの性証（戌飼《いぬかい》）、道円（常陸奥郡）、入信（常陸那珂西穴沢）、唯信（常陸奥州幡谷）、唯信（常陸奥州鳥喰）の五人がどういうわけか記載されていません。二十四輩について、『法流故実条々秘録』（二の六）に、

二十四輩之衆と云は、聖人関東御在国の中、蒙フ二御教訓ヲ一られし御弟

子上足の歴々分也、皆関東住国之人々候也、常陸国二十四人、下野国四人、奥州に二人、武蔵に二一人余国に無之、座配次第等覚如上人御筆写を以て書写之、

と記されています。また『真宗故実伝来鈔』には、

二十四輩といふは、開山聖人御直弟の末孫なり、御門弟各建立寺坊何れも関東なり、然に覚信尼公御本廟造営の宿願によりて、彼御門弟の遺跡各上洛す、而も共に造建御本廟、其時、上洛之輩を二十四輩と号す、また追て上京の輩を六老と名く、二十四輩の名目、大網願入寺におひて如信上人三十三回忌御修行、覚如上人の時、真宗門人中、正義に背く徒これあり、彼邪義を防し為に正義を守る輩を二十四人、各々連書せしめ、これを二十四輩と名く、然れば一宗の大綱なり、大谷造建已来は、御住職を御留主職と名く、二十四輩を

官領職と名く、蓮如上人御代までは、二十四輩の人々かはる〳〵上洛なり、御本廟を守る、例年報恩講各上京し、之を修行せしむ、御堂出仕の時も、御本主横畳に、二十四輩は左右に列座す、然るに蓮如上人の御時、御親属方多く在すによりて、二十四輩、座を辞して外陣に着座する、又、辺鄙ゆへに声明等不鍛錬なるに依て、堂僧を前にし、二十四輩は後へ退ぬ、

と二十四輩について記しています。

関東二十四輩の門弟の名前を記しているのは、大網願入寺伝と京都常楽寺伝があります。今は願入寺伝を（『新編真宗全書』史伝編巻三）記載し、順番が異なる常楽寺伝は括弧に記しました。

性信御房　下総国豊田荘横曽根（真仏御坊　下野国大内庄高田　専修寺）

真仏御房　下野国大内庄高田　専修寺（性信御房　下総国豊田荘横曽根

報恩寺）

順信御房　常陸国・（鹿島）富田

乗然御房　常陸国南荘（志田）

信楽御房　下総（国）大方新堤

成然御房　下総（国）上幸（桑島）嶋市野谷

西念御房　武蔵（国）野田

性証御房　下野（国）戌飼高柳

善性御房　下総（国）豊田（郡）・飯沼（高柳）

是信御房　奥州和賀郡

無為信御坊　奥州

善念御坊　常州久慈東

信願御坊　下野アワノ志賀崎

道円御房　跡唯円奥郡内田（定信御坊跡善明　那珂西粟）
定信御坊　跡善明　中ノ西アワ（道円御坊跡唯円　常州内アウクン）
（入信御房　常州那珂西穴沢）
念信御房　常陸毘沙幢（念信御房　常州ヒサトウ）
入信御房　常州久慈東八田（入信御房　常州久慈西八田）
明法御坊　跡証信久慈西楢原
慈善御房　奥郡村田
唯仏御房　跡鏡願兄弟　常陸（州）吉田枝川
唯信御坊　常陸奥郡戸森
唯信御房　跡順信　奥郡ハタヤ
唯円御坊　跡信浄　奥郡トリハミ
（康永三年甲仲冬朔日　釈覚如　次第書之）

已上二十四輩連署畢

右此二十四人門人、於㆓鸞聖人御在世㆒一流相伝之遺弟也、爰近比門葉中有㆘不㆓相伝㆒之族㆖、私構㆓今案之自義㆒謬㆓背師伝之正流㆒、甚以不㆑可㆑然。自今已後本願寺聖人於㆓御門弟㆒者、彼邪偽為㆓停廃㆒専可㆑守㆓師之遺誡㆒者也。末学可㆑知㆑之、仍守㆑正流㆒之門弟如㆑件。

正慶元年壬申正月五日

覚如上人於㆓大網御坊㆒有対㆓門弟㆒記㆑之

執筆釈空如

余談　蓮如の遺言

（蓮如宗主の遺言が残っています。これを初めて知ったときに、これは昔の遺言でなく、自分のあるべき姿を誡められたような気がしました。これからの時代を生きる方々の参考になればと願いここに紹介しておきます。）

顕誓の『今古独語《こんこどくご》』（『真宗聖教全書』五巻）に、

明応八年三月九日、蓮如上人御病中、賢息五人の御兄弟に対し仰せられてのたまはく、御在代の間におきて、開山聖人の御法流たてほせられ畢ね。この趣きかたく末代に至るまで、あひまもりたまふべし。第一兄弟の中よく真俗ともに仰せあはせらるべきむね、ねんごろに命じましましければ、実如上人並に蓮綱・蓮誓・蓮淳・蓮悟一同に御請をなされ侍りぬ。その時御手を合せられ、いよいよ御一流の儀繁昌あるべきとの仰なりき。

と記されてあります。蓮如宗主が五人のご子息をあつめてこの遺言ができたとあります。本山本願寺を中心とする大教団をつくりあげた蓮如宗主が、遺言したのは生活のあらゆることに気配りをして、宗祖の教えをますます社会に浸透しつづけてほしいことだけでした。遺言は宗祖の教えを伝える僧侶の信念と生活態度だけです。この内容には少し意外でした。教えを伝える僧侶のあるべき姿を老婆心ながら、これからを託する五人の息子にくれぐれも道心ある生活をするようにと伝えていると思います。私も住職の任を辞する年齢になりました。先祖からお預している門徒の皆さまのおかげで、今の寺院の教化活動とそれなりの生活があったと感謝しています。これから記す蓮如宗主の遺言を心に銘じて、教えをふりかざす僧侶になるよりも、生活態度から教えが伝わるように努力して生きてゆきたいものです。道心がない僧侶は、いつしか門信徒から見放されてしまうような気がします。門信徒と感覚のズレを感じたときに、蓮如宗主の遺言を鏡にして反省しようではありませんか。あとを託した蓮如宗主の老婆心がいたいほど感じられます。蓮如の遺言を記しますので、どうぞ自分にあてはめて、僧侶の原点をふりかえってみてください。

蓮如上人御遺言

蓮如上人御遺言の旨をもて、兄弟中仏法代間に毎事同心に京・田舎ともに申すべき談の由、既《すで》に御前にをいて御返事申し上げ候うへは、聊《いささ》か違背あるべからず候。万一自今已後にをひて御内人《みうちにん》等中の事申す族《やから》これあらば、仁体《しんたい》に依らず。見出《みいた》だし聞く出《いた》し急ぎ訴訟申すべく候。その時堅くあるべく御糺明候。自今已後にをひてはをのをの先非《せひ》をあらためて、老少男女ともに仏法にこころをいれて、この時よりいよいよ安心決定《あんじんけつじょう》せしめて、あひたがひに談合肝要の事。

停止《ちょうじ》すべき条々事《じょうじょうのこと》（カタカナを仮名にして、書き下ししています）

一　本尊並《ほんぞんなら》びに御影等《ごえいとう》の事《こと》、わたくしとして安置申《あんちもう》すべからず。又《また》は書申《かきもう》すべからざる事《こと》。

一　過分《かぶん》の振舞《ふるまい》、過分《かぶん》の衣装等《いしょうとう》は停止《ちょうじ》すべき事《こと》。

一　毎月廿八日、廿五日御時《おとき》の次第《しだい》、廿八日は六菜二汁《ろくさいふたつじる》、廿五日は五菜二汁也《ごさいふたつじるなり》。

一　御兄弟中《ごきょうだいちゅう》に於《おい》て京田舎年始御礼《きょういなかのねんしのおんれい》は停止之事《ちょうじのこと》。

一　御兄弟中得度《ごきょうだいちゅうとくど》の時《とき》、御礼《おんれい》は御住持《おんじゅうじ》へ計《はか》り申《もう》すべく候《そうろう》。各々《おのおの》へは停止《ちょうじ》。同《おな》じく女《にょ》性《しょう》の出家《しゅっけ》の時《とき》も同前《どうぜん》。

一　御門徒中《ごもんとちゅう》よりの志《こころざ》し御時《おんとき》の事《こと》、代物《たいもつ》を次第《しだい》に用意《ようい》すべき事《こと》。

一　直参並《じきさんなら》びに門徒中《もんとちゅう》は互《たが》いに引取《ひきとり》の次第堅《しだいかた》く停止《ちょうじ》すべき事《こと》。

一　御門徒《ごもんと》において中陰並《ちゅういんなら》び仏事《ぶつじ》、又は聊《いささ》か志《こころざし》の時之連経《ときのれんきょう》は停止之事《ちょうじのこと》。

一　仏事《ぶつじ》において子《こ》のために月忌《がっき》、特《こと》に幼少《ようしょう》の者《もの》においては年忌《ねんき》も然《しか》るべからず事《こと》。

一　御一家中並《ごいっかちゅうなら》び御門徒中《ごもんとちゅう》へ挙状《きょじょう》は停止《ちょうじ》の事《こと》。

一　御門徒中《ごもんとちゅう》より御飯申《おんめしもう》すべき次第《しだい》、五菜二汁《いつつさいふたつしる》、次《つぎ》は三菜《みっさい》たるべき事《こと》。

一　御留守事《おんるすこと》、公私共《こうしとも》に停止之事《ちょうじのこと》。

一　太刀《たち》刀《かたな》、金作《こがねつく》り停止《ちょうじ》之事《のこと》。

一　万《よろづ》持《も》ち道具《どうぐ》以下《いげ》過分《かぶん》に用意《ようい》停止《ちょうじ》すべき事《こと》。

一　御兄弟中《ごきょうだいちゅう》御京上《おんきょうのぼり》の時《とき》御樽《おんたる》参《まいら》せられ候《そうろう》事《こと》、公私共《こうしとも》に停止《ちょうじ》すべき事《こと》。

一　御兄弟中《ごきょうだいちゅう》御上洛《ごじょうらく》の時《とき》私《わたくし》へ御宮気《おんみやき》は堅《かた》く停止《ちょうじ》の事《こと》、同《おな》じく田舎《いなか》においても相互《あいたがい》にその御心得《おんこころへ》なさるべき事《こと》。

一　所縁《しょえん》の儀《ぎ》において衣装《いしょう》持具《もちぐ》足等《そくとう》に奔走《ほんそう》すること然《しか》るべからず、公私共《こうしとも》に堅《かた》く停《ちょう》止《じ》の事《こと》。

一　髪置《かみおき》帯直《をびなをし》眉金《まいかね》等《とう》の時別《ときべつ》して祝《いわい》を奔走《ほんそう》す然《しか》るべからず、已後《いご》はようしやあり停止《ちょうじ》すべき事《こと》、いづれにいなかは無益《むやく》なり。

一　御産《ごさん》の時御《ときおん》太刀《たち》並《なら》び御礼《おんれい》毎度《まいど》は無益《むやく》なり。但《ただし》、用捨《ようしゃ》あるべきか、然《しか》れば脇々《わきわき》田舎《いなか》は堅《かた》く停止《ちょうじ》すべき事《こと》。

一　屋作《やつく》り自今已後《じこんいご》は結構《けっこう》すべからざる事《こと》。

一　一切銭勝負《いっさいぜにしょうぶ》堅《かた》く停止《ちょうじ》すべき事《こと》。

一 九月九日祝並《いわいなら》び秋《あき》あわせ停止《ちょうじ》の事《こと》、時《とき》に依《よ》り人《ひと》に依《よ》って用意有《ようい あ》るべきか、然《しか》れども脇々田舎《わきわきいなか》は無益也《むやくなり》。

一 すすはきの祝《いわい》停止《ちょうじ》の事《こと》、是《これ》は脇々田舎之事《わきわきいなかのこと》。

一 年始御祝《ねんしおいわい》は餅《もち》一種《いっしゅ》然《しか》るべき事《こと》、是《これ》も脇々《わきわき》又《また》は田舎《いなか》の覚語也《かくごなり》。

一 五月五日に帷《かたびら》以下《いげ》時《とき》を定《さだ》めて用意《ようい》す然《しか》るべからず、但《ただし》人《ひと》に依《よ》りて少々《しょうしょう》用意有《ようい あ》るべきか。惣《そうじ》ては停止《ちょうじ》すべき事《こと》。

一 正月節の事、丹後申すの事は余儀無《よぎな》く、それも前々《ぜんぜん》の如《ごと》く大儀奔走《たいぎほんそう》するは無益《むやく》か。暮々《くれぐれ》私《わたくし》においては近代嘉例《きんたいきれい》と号《ごう》して参会之儀《さんかいのぎ》かえすがえす然《しか》るべからず。此時《このとき》より停止《ちょうじ》あるもの也《なり》。但不時之参会《ただしふじのさんかい》はくるしからずや、然《しか》れば三菜然《さんさいしか》るべし、いづれに結構之儀《けっこうのぎ》においては自他停止《じたちょうじ》すべき事《こと》。

一 五節供《ごせっく》並びに朔日名月猪子等《ついたちめいげついのこ とう》は停止《ちょうじ》すべき事《こと》、但所依《ただしところによ》りて用捨《ようしゃ》あるべき。総別《そうべつ》は脇々田舎《わきわきいなか》は無益也《むやくなり》。

一 御勘気之仁体他人《ごかんけのじんたいたにん》を以《もっ》て御詫言申事前々之有《おわびごともうすことぜんぜんこれあ》り。言語道断之次第也《ごんごどうだんのしだいなり》。尤一流《もっともいちりゅう》

之儀《のぎ》において御法《ごほう》に背《そむ》く者也《ものなり》。所詮《しょせん》已後《いご》於《おいて》は堅《かた》く停止《ちょうじ》すべき事《こと》。

一 座配之事《ざはいのこと》、坊主達之上《ぼうずたちのうえ》に又若党之分《またわかとうのぶん》として座上《ざじょう》をしむる事近年《こときんねん》猥《みだれかわ》しき次第也《しだいなり》。以後《いご》は堅《かた》く停止《ちょうじ》すべき事《こと》。

一 他人《たにん》を猶子《ゆうし》にする事一家《こといっけ》の疵《きず》なり。自今以後《じこんいご》は各《おのおの》その心得《こころえ》をなし公私共《こうしとも》にかくの如《ごと》く次第堅《しだいかた》く停止《ちょうじ》すべき事《こと》

一 一流中《いちりゅうのなか》に於《おいて》病人《びょうにん》の為《ため》に加持祈禱《かじきとう》等あるべからず次第也《しだいなり》。堅《かた》く停止《ちょうじ》すべき事《こと》

一 兄弟中《きょうだいちゅう》京《きょう》に上之時《のぼりのとき》の御礼物《おんれいもつ》の次第《しだい》。御住持《おんじゅうじ》へ百疋其外《ひゃくひきそのほか》は五十疋《ごじゅうひき》・三十疋《さんじゅうひき》・二十疋《にじゅうひき》、此上《このうえ》は過分之儀《かぶんのぎ》は停止《ちょうじ》すべき事《こと》。並《なら》び田舎《いなか》に於《おい》ては強《しい》て五十疋《ごじゅうひき》・三十《さんじゅう》疋《ひき》・二十疋《にじゅうひき》の間然《あいだしか》るべき、殊《こと》にそれも分斉《ぶんさい》に随《したが》って振舞《ふるまう》べき事《こと》

一 女方不調《にょかたふちょう》並《なら》び他妻《たさい》を犯《おか》す事堅《ことかた》く停止《ちょうじ》すべき事《こと》

一 うえと而御免許《してごめんきょ》なきことを、私《わたくし》として猥《みだれがわ》しく世間《せけん》のごとくほしゐままに聊《いささか》のちがひもあれば、たやすく当時自妻《とうじじさい》を離別《りべつ》することこれあり。あさましあさまし。これしかしながら一向栄耀《いっこうえいよう》のあまりか。所詮向後《しょせんきょうこう》にをいては堅《かた》く停止《ちょうじ》すべき事《こと》

一　公方《くぼう》に召仕《めしつか》はれ候《そうろう》御女房衆《おんにょうぼうしゅ》を、殊《ことには》は御乳人《おんちのひと》をかし申《もう》す仁体《じんたい》これあり。言語《ごんご》道断《どうだん》の狼藉《ろうぜき》なり。剰《あまつさ》へ女房《にょうぼう》に申《もう》しうくる事一段《こといちだん》の緩怠《かんたい》なり。此如《かくのごとく》の条々《じょうじょう》已後《いご》においては堅《かた》く停止《ちょうじ》すべき事《こと》

一　国々坊主衆之宿々《くにぐにぼうずしゅうのやどやど》へ御申之儀《おんもうしのぎ》に御出之時就《おんいでのときついて》、御飯之用意之次第《おんめしのよういのしだい》は御内人計《みうちにんはかり》たるべし。其外《そのほか》はことごとく停止《ちょうじ》あるべき。其《それ》に就《つい》て無彩之体《ふさいのてい》然《しか》るべき事《こと》

一　一流中《いちりゅうのなか》に於《おい》て仏法《ぶっぽう》を面《おもて》とすべき事勿論也《こともちろんなり》。然《しか》りと雖《いえど》も代間《せけん》に順《じゅん》じて王法《おうほう》をまもる事《こと》は仏法《ぶっぽう》を立《た》てられんがためなり。而《しかる》に仏法《ぶっぽう》をば次《つぎ》にして王法《おうほう》を本意《ほんい》と心得《こころう》る事《こと》、当時《とうじ》これ多《おお》し。尤《もっと》もしかるべからず次第也《しだいなり》

一　坊主相違時《ぼうずそういとき》、門徒《もんと》として道場《どうじょう》を退出《たいしゅつ》させ剰《あまつさ》へ在所《ざいしょ》を追放《ついほう》し地頭領主へ付《つ》け、既《すで》に生涯《しょうがい》に及《およ》ぶべき造意《ぞうい》これ又以《またもっ》ての外《ほか》の誤邪見《あやまりじゃけん》の次第也《しだいなり》。堅《かた》く停止《ちょうじ》すべき事《こと》

一　一流法義《いちりゅうほうぎ》において一心決定《いっしんけつじょう》の上《うえ》にはいかようの悪事《あくじ》をも思《おもい》てのままに振舞《ふるまう》ともくるしからず由《よし》、当時申《とうじもうし》沙汰《さた》する輩《ともがら》これ多《おお》し。以外《もってのほか》の誤《あやま》りなり。尤《もっと》も一宗《いっしゅう》の瑕瑾且《かきんかつう》は誹謗《ひぼう》を招《まね》く基《もとい》なり。自今已後堅《じこんいごかた》くこれらの趣《おもむき》停止《ちょうじ》すべき事《こと》

一　上《うえ》へついて申入儀に《もうしいれぎに》被《こうむらる》べきについて丹後《たんご》並《なら》び御内人《みうちにん》として、毎々兄弟中又《まいまいきょうだいちゅうまた》は門徒衆《もんとしゅ》自然之越度《しぜんのおっと》これあらば糺明《きゅうめい》せず実否《じっぴ》を速《すみやか》に御耳《おんみみ》に入《い》れらるる事《こと》、前々之《まえまえこれ》あり。然《しか》るべからず。各《おのおの》存《ぞん》すと雖《いえど》も今堪忍《いまかんにん》する所也《ところなり》。自今已後《じこんいご》は子細《しさい》を両方共《りょうほうとも》に聞分《ききわけ》られ涯分教訓《がいぶんきょうくん》あるべし。尚以《なおもっ》て承引無《しょういんな》くばその時自他談合致《ときじただんごういた》され披露《ひろう》あるべし。前々《まえまえ》の如《ごと》く聊爾之申事此時《りゅうじのもうすことこのとき》より堅《かた》く停止《ちょうじ》あるべきもの也《なり》

一　蓮如上人御在生之時既《れんにょしょうにんごぞんしょうのときすで》に毎時得《まいじえ》られ御意《ぎょい》を兄弟中申《きょうだいちゅうもう》し合《あわすること》　事を私《わたくし》として是非《ぜひ》に及《およ》ぶ、題目前々《だいもくぜんぜん》これあり言語道断次第《ごんごどうだんのしだい》なり。かくの如《ごと》き之儀自他不快《このぎじたふかい》の基也《もといなり》。所詮已後《しょせんいご》においては丹後同御内人《たんごおなじくみうちにん》その心得《こころえ》を成《じょう》じなされ仏法代間《ぶっぽうせけん》について聊爾《りょうじに》壁訴訟《かべそしょう》申《もう》す沙汰尤《さたもっと》も然《しか》るべからず。然《しか》ると雖《いえど》も存分《ぞんぶん》の旨《むね》は急《いそ》ぎ申《もう》し上《あ》げらるべし。聞《きこ》し召《めし》分《わ》けられ、京田舎御談合《きょういなかおんだんごう》あって御批判《ごひはん》あるべし候《そうろう》。暮々兄弟中一《くれぐれきょうだいちゅういち》味《み》と雖《いえど》も、御内人致《みうちにんいた》す中《なか》の事《こと》は必《かなら》ず已後《いご》においても不快《ふかい》あるべき由《よし》、堅《かた》く御懇《ごねんご》ろに三月九日八時《はちじ》において、たしかに兄弟中《きょうだいちゅう》に対《たい》し御遺言《ごゆいごん》あるところ歴然也《れきぜんなり》。若《も》し万一相背《まんいちあいそむ》くに於《おい》てはこの旨《むね》は永《なが》く冥加《みょうが》につき御罰《ごばつ》を蒙《こうむる》べきもの也《なり》。

右条々御《みぎじょうじょうご》遺言《ゆいごん》之旨《のむね》に任《まか》せ兄弟中《きょうだいちゅう》談合《だんごう》あり。申《もう》し定《さだ》めらるる上《うえ》は、末代子々孫々《まつだいししそんそん》において違背《いはい》あるべからず。若此《もしこ》の趣《おもむき》承引之仁体無《しょういんのじんたいな》き之《これ》あらば、幾重《いくえ》も自他御指南《じたごしなん》に預るべきところ憑《たの》み存《そん》する也。それについて丹後一《たんごいち》類御内人《るいみうちにん》、同《おなじ》く御門徒中《ごもんとちゅう》に於《おい》て此旨《このむね》を相守《あいまも》る者也《ものなり》。仍《よ》って定《さだ》むるところ件《くだん》の如《ごと》し。

明応八年己未四月廿五日

実如《じつにょ》

蓮綱《れんこう》

蓮誓《れんせい》

蓮淳《れんじゅん》

蓮悟《れんご》

蓮応《れんおう》

参照文献

実　悟『本願寺作法之次第』（『大系真宗史料』十三巻）

西本願寺蔵『法流故実条々秘録』（『新編真宗全書』三十巻）

玄　智『考信録』（『真宗全書』六十四巻）

玄　智『祖門旧事記』（『真宗全書』六十四巻）

玄　智『大谷本願寺通紀』（『真宗全書』六十八巻）

浄　恵『真宗故実伝来鈔』（『真宗全書』六十三巻巻）

慧　琳『真宗帯佩記』（『真宗全書』六十四巻）

経谷芳隆『本願寺風物詩』

武田英昭『本願寺派勤式の源流』

堤　楽祐『勤式作法手引書』

拙　著『もうすこし知りたい　仏事と本願寺の話』

著者紹介

鎌田宗雲（かまだ　そううん）
1949年岡山県に生まれる
浄土真宗本願寺派報恩寺住職
著書『御文章解説』『御文章の豆知識』『蓮如上人』
『蓮如上人に学ぶ』『蓮如上人と御文章』
『阿弥陀仏と浄土の理解』『阿弥陀仏と浄土の証明』
『御伝鈔講讃』『親鸞の生涯と教え』『親鸞入門』
『親鸞の教え』『仏事と本願寺の話』
『別冊太陽　親鸞』（共著）『真宗伝道の教材』
『みんなの法話』（共著）など多数
住所　〒529-1213　滋賀県愛知郡愛荘町沖271

知っておきたい 本願寺の故実

2019年５月10日　印刷
2019年５月15日　発行

著　者　鎌田宗雲
発行者　永田　悟　京都市下京区花屋町通西洞院西入
印刷所　図書印刷 同朋舎　京都市下京区壬生川通五条下ル
発行所　創業慶長年間 永田文昌堂　京都市下京区花屋町通西洞院西入
電　話（075）371-6651
FAX（075）351-9031

ISBN978-4-8162-6240-1 C1015　〔検印省略〕